当代档案信息化建设与管理研究

柴长俞　马　昕　韩少光◎著

文化发展出版社
Cultural Development Press
·北京·

图书在版编目（CIP）数据

当代档案信息化建设与管理研究 / 柴长俞，马昕，韩少光著．— 北京 ：文化发展出版社，2023.10
ISBN 978-7-5142-4128-0

Ⅰ．①当… Ⅱ．①柴… ②马… ③韩… Ⅲ．①档案管理－信息化建设－研究 Ⅳ．① G270.7

中国国家版本馆 CIP 数据核字 (2023) 第 208345 号

当代档案信息化建设与管理研究

柴长俞　马　昕　韩少光　著

出 版 人：宋　娜
责任编辑：侯　娜　　　　责任校对：岳智勇
责任印制：邓辉明　　　　封面设计：守正文化
出版发行：文化发展出版社（北京市翠微路 2 号 邮编：100036）
网　　址：www.wenhuafazhan.com
经　　销：全国新华书店
印　　刷：天津和萱印刷有限公司

开　　本：710mm × 1000mm　1/16
字　　数：204 千字
印　　张：12
版　　次：2024 年 1 月第 1 版
印　　次：2024 年 1 月第 1 次印刷

定　　价：72.00 元
I S B N：978-7-5142-4128-0

前　言

信息化时代下，各个行业在开展相关管理工作时都融入了现代信息技术，这在很大程度上促进了各个行业的发展。随着国民经济的不断增长，科学技术的不断创新，我国传统的档案管理工作模式逐渐无法适应新时期社会发展的要求。为了更好地为社会提供优质的档案服务，有关部门必须主动加强档案信息化建设，结合自身的发展规模和市场发展趋势的要求，合理引进并应用先进的信息化技术，搭建起专业完善的档案信息化管理系统，以此来全面提升档案综合管理水平，增强档案管理的实效性，提高档案信息的利用率，推动我国档案信息化建设的稳定持续发展。

全书共七章。第一章绪论，主要阐述了信息化与档案信息化、档案信息化建设的内容、档案信息化建设的任务、档案信息化建设的意义等内容；第二章档案信息化发展与现状，主要阐述了档案信息化的发展和档案信息化应用现状等内容；第三章当代档案信息化设施建设，主要阐述了硬件设施建设和软件环境建设等内容；第四章当代档案信息化资源建设，主要阐述了档案信息的数字化、电子文档归档与移交、档案信息数据库建设等内容；第五章当代档案管理信息系统建设，主要阐述了档案管理信息系统的研制、数字档案室建设、数字档案馆建设、档案网站建设等内容；第六章当代档案信息化保障体系建设，主要阐述了宏观管理保障体系建设、标准规范保障体系建设、信息安全保障体系建设、人才队伍保障体系建设、信息技术保障体系建设等内容；第七章档案信息化建设与管理创新探索，主要阐述了档案信息化建设的实施策略、档案信息化建设的未来展望、档案信息化管理的创新探索等内容。

在撰写本书的过程中，笔者借鉴了国内外相关的研究成果以及著作、期刊、论文等，在此对相关学者、专家表示诚挚的感谢。

由于本人水平有限，书中有一些内容还有待进一步深入研究和论证，在此恳切地希望各位同行专家和读者朋友予以斧正。

作者

2023 年 8 月

目　录

第一章　绪论

现如今，我国信息化发展进入新时期，档案信息化工作在稳步有序地推进，不过也面临着诸多问题和挑战，在此背景下，打造信息化档案、智慧化档案既是顺应时代发展的内在需求，又是推动档案管理产业转型升级的重要策略，更是应对发展挑战、解决发展问题的有效方法。本章则围绕信息化与档案信息化、档案信息化建设的内容、档案信息化建设的任务、档案信息化建设的意义等内容展开研究。

第一节　信息化与档案信息化

一、信息化

（一）信息的含义

客观世界有三大要素，即物质、能量和信息。人们较早地认识了物质，于 18 世纪 60 年代的工业化时期才认识能量，并发现了物质和能量的转换关系。20 世纪 50 年代以后，信息科学发展成为一门新兴学科，至今方兴未艾，并深刻地影响着世界。

研究信息化首先须认识信息。一般来说，信息有广义和狭义之分。广义的信息是指事物的存在方式和运动状态的表现形式。“事物”是指存在于人类社会、思维活动和自然界中的一切对象；“运动”是指一切意义上的变化，包括机械、物理、化学、生物思维、社会的运动。在这一层次上定义的是最广泛的信息，既包括自然信息，如鸟语花香、冬去春来；又包括社会信息，如政治信息、经济信息、军事信息、文化信息、科学技术信息、社会生活信息。狭义信息是指人所感知或表述的事物存在方式和运动状态。“感知”是外界向主体输入的信息；“表述”

是主体向外界输出的信息。本体论层次上的信息是客观信息，不以人的存在为前提。主体论层次上的信息建立在人的意志基础上，是人的认识、感知、理解、表达、传递能力的产物，用于特定目的，因此，其内涵要比本体论层次上的信息丰富得多。

（二）信息化的概念

信息化是一种动态的概念，意味着它可以结合，它需要载体，而现代的信息化正是以信息承载为目的，让形态、空间、图片承载更丰富的传达能力。信息化是把现代信息技术运用在人类活动的方方面面，全面影响人类社会的生产和生活。从起源上看，信息化的概念诞生自日本，20 世纪 60 年代，日本社会学家梅棹忠夫在其撰写的《信息产业论》中首次提出这一概念，并且展开了详细的论述。自此以后，日本的政府和科研界将信息化看作是一个由工业社会转向信息化社会的连接器，是一种发展的过程，这一过程包括信息资源和技术的共享与应用，使得社会资源得到充分利用等内容，收获全社会在可持续发展进程中的胜利果实，体现在个人和社会的共同变化过程。我国对信息化的研究最早起源于 20 世纪 80 年代召开的第一届中国信息化问题学术论坛。现今，我国把信息化概括为培养和促进以计算机为主的信息化生产力，为社会发展添砖加瓦、助推蓄力。

（三）信息化的内涵

信息化是指社会经济结构从以物质与能源为重心向以信息与知识为重心转变的过程。也就是在经济和社会活动中，通过普遍采用信息技术和电子信息装备，更有效地开发和利用信息资源，推动经济发展和社会进步，使利用信息资源创造的劳动价值在国民经济生产总值中的比重逐步上升，直至占主导地位的过程。因此，信息化不是一种固定的状态，而是一个动态变化的过程。这个过程有着丰富的内涵，包含两个支柱、三个层面、四个特点。全面认识信息化的内涵，有利于我们准确把握信息化的基本规律，引导和促进档案信息化事业持续健康地发展。

1. 两个支柱

两个支柱是指数字化和网络化。数字化是将现实世界中的各种模拟信息转变为以二进制代码表示的数字信息，供计算机处理和网络传输的过程。数字化是信息化的基础，没有数字化就没有计算机技术和信息技术。网络化是指利用通信技术和计算机技术，把分布在不同地点的计算机及各类电子终端设备互联起来，按照一定的网络协议相互通信，以达到所有用户都可以共享软件、硬件和信息资源的目的。由此可见，档案信息化建设必须紧扣住数字化和网络化两个主题。

2．三个层面

一是信息技术的开发和应用过程，这是信息化建设的技术基础，信息技术的开发和应用是信息技术与档案工作有机结合和融合的过程，在很大程度上影响档案信息化发展的效率和质量。

二是信息产品制造业不断发展的过程，这是信息化建设的物质条件。信息产品包括计算机软硬件和网络产品，它在很大程度上决定了档案信息化平台建设，也进而决定了档案信息系统建设的水平。

三是信息资源的开发和利用过程，这是信息化建设的核心与关键。档案信息资源是档案信息化管理和利用的对象，其本身的规模和质量，以及潜在和显性的价值，决定了档案信息化的效率和效益。

这三个层面是相互促进、共同发展的过程，需要全面、协调、持续地投入和发展。在档案信息化建设过程中，需要建立档案信息化发展长效机制，充分利用和平衡这三个层面的互动关系。

3．四个特点

（1）渗透性

信息化可以渗透并融入人类社会生活的各领域，深刻改变人类的工作、学习、交流、生活等方式。

（2）增值性

信息化可以实现信息的增值，使信息转变为信息资源，进而转换为知识，通过网络共享，广泛地传递信息、传承文化、传播知识，不断提升信息资源创造的社会价值和经济价值。

（3）创新性

一方面，信息技术的应用能够带来管理观念、管理理论、管理方法和管理措施的全面创新；另一方面，管理观念、管理理论、管理方法和管理措施的全面创新也将提高信息技术的应用水平和应用效能。

(4) 带动性

信息化可带动档案行政管理和档案业务管理水平的全面提升。

二、档案信息化

(一) 档案

1. 档案的定义

(1) 国外对于档案的定义

1898年,荷兰档案学者斯·缪勒(S. Muller)、伊·阿·斐斯、阿·福罗英在《档案的整理与编目手册》定义"档案是某一行政机关或某一官员正式收到或产生的,并指定由该机关或官员保管的文件、图样和印刷品的总和"[①]。其强调档案的形成主体是机关及官员。1922年,英国档案学家希拉里·詹金逊(Sir Charles Hilary Jenkinson)在《档案管理手册》定义"档案是行政管理或行政事务实施过程中所拟或使用,成为该事务过程的组成部分,事后由该事务过程之负责人或其合法继承者保管,以备不时查考的多种文件"[②]。其强调了档案的"查考"价值。1956年,美国档案学家西奥多·谢伦伯格(Theodore R. Schellenberg)在《现代档案——原则与技术》定义"档案是经过鉴定值得永久保存以备查考和研究之用,业已藏入或者业已选出准备藏入某一档案机构的任何公私机构文件"[③]。其强调了档案需要经过鉴定并具有永久保存的价值。1982年,苏联《社会主义国家档案术语词典》定义"档案是用文字、图表、照相、录音或其他方法,把客观事物和人员思维活动的信息固定在任何载体上的产物"[④]。其强调了档案具有丰富的载体和形式。1984年,国际档案理事会编著的《档案术语词典》定义"档案是出于利用的目的或以为档案的价值,经过挑选或未经挑选的,

---

① 宫庆新. 中外档案定义研究述论 [J]. 山东理工大学学报(社会科学版),2013,29(4):97-102.

② 黄霄羽. 詹金逊与谢伦伯格鉴定观的比较及其对当前鉴定理论的影响 [J]. 档案学通讯,2004(5):23-27.

③ 郑锦霞. 百年档案定义略论——兼论我国文件与档案关系问题 [J]. 档案管理,2007(01):32-34.

④ 张关雄. 外国档案定义述评 [J]. 档案,1994(3):30-31.

由某个适当的档案馆永久保存的非现行文件”。2011 年，联合国教科文组织发布《档案共同宣言》，将档案表述为“各种形式的决策，行动和记忆的记录，是代代相传的独特且不可代替的遗产”[①]。

（2）国内对于档案的定义

1986 年，陈兆《档案管理学基础》定义“档案是机关、组织和个人在社会活动中形成的，作为历史记录保存起来以备查考的文字、图像、声音及其他各种方式和载体的文件”[②]。其强调档案的形成主体拓展为机关，组织和个人。2006 年，冯惠玲在《档案学基础》定义“档案是社会组织或个人在以往的社会实践中直接形成的具有清晰，确定的原始记录作用的固化信息”[③]。其突出了档案的原始记录性。从记忆的角度出发，档案是汇聚历史记忆的符号象征。从文化遗产的角度讲，档案不论以何种形态呈现，其自身承载的历史文化是弥足珍贵的。2020 年，《中华人民共和国档案法》定义“档案是过去和现在的机关、团体、企业事业单位和其他组织以及个人从事经济、政治、文化、社会、生态文明、军事、外事、科技等方面直接形成的、对国家和社会具有保存价值的各种文字、图表、声音等不同形式的历史记录”。

由于历史时期和社会环境的不同，档案的定义呈现出差异，在文件、信息、数据、记忆或等方面各有侧重，原始记录性成为档案最基本特征。传统的档案着重发挥“凭据”职能，作为一种历史依据被妥善保管。随着社会档案意识的提高，档案所蕴含的个体记忆乃至社会记忆愈发受到关注。档案作为珍贵的文化遗产，映射了时代的记忆，其隐藏的巨大文化价值同样值得保护和传承。

数字时代下的档案定义不断演变，“数据存档”的概念深入人心。尼古拉斯·盖恩（Nicholas Gane）在《新媒介：关键概念》中对“档案”的概念进行了拓展，传统的档案由官方权威变得更加开放，更加个性化[④]。Web 2.0 时代以来，每个人既是信息消费者，又是内容生产者。个体可在社交平台上公开发表观点，获得大

① 沈朋．社会记忆视角下档案馆参与自媒体信息存档的策略研究［D］．武汉：武汉大学，2018.

② 黄幸珠．对档案内涵及其角色定位的思考［J］．云南档案，2011（10）：46-48.

③ 冯惠玲．档案学概论［M］．北京：中国人民大学出版社，2006.

④ 尼古拉斯·盖恩，戴维·比尔．新媒介：关键概念［M］．刘君、周竞男，译．上海：复旦大学出版社，2015：68.

众关注。个人的创作内容全部记录在个体账号中便于大众随时访问。从档案的角度讲，这也是一种个人化档案。“数据”作为数字时代下的基本单位，已融入我们的日常生活。由数字信息汇聚形成的档案数据库，记录了一切信息，作为一种可以被自由调配的公共资源，在民生服务、城市建设、文化研究等方面发挥重要作用。此外，档案媒介形式也更加多样，借助数字平台和技术，实物档案逐渐转化为数字档案，通过图片、影像、声音等媒介传播，媒介形态更加多样。

由此可见，档案由官方化转向大众化，由严肃转向开放，由实体转向虚拟，其内涵正变得更加丰富。档案的概念由传统的“文件、文档”扩展为人类活动的信息遗存，其“泛化”主要体现在以下三个方面：一是观念层面，档案逐渐融入大众意识，对于档案的理解并不局限于其来源于正式的立档组织，企业、个人等主体都可建立属于自己的档案。民间档案、个人档案也拓展了档案的概念；二是组织层面，档案不局限于存放在档案馆机构，越来越多的图书馆以及博物馆也开始收集整合各类档案文献资料，包括纸质、实物、影像档案等形态；三是在学术层面，档案作为独立的研究学科，其研究范式也呈现出多样化发展的态势，包括档案的资源管理建设，档案记忆等领域。

2. 档案的价值

档案之所以被世界各国、各类社会组织和个人保存，档案保管人员通过各种方式努力将重要的档案传给后世，就是因为档案具有与其他文字材料相比不可替代的价值和作用。

(1) 凭证价值

凭证价值代表着档案的特有属性和基础属性，这也是档案不同于其他文字材料最基本的特点。档案的这种凭证价值能够成为查考、研究和处理问题的凭依，也是认定义务与责任的证据。档案能够具有无可替代的凭证价值，是由档案的形成过程以及内容和形式等特点决定的。档案是在活动过程中形成并直接从使用的文件转化过来的，并没有经过后期的人为干预和处理加工，因此档案客观地记录了所发生的生产生活情况，能够令人信服。对于纸质档案来说，档案的文件材料上保存着真实的历史印迹，能够直观地辨别真伪，具有毋庸置疑的证据作用。

(2) 情报价值

情报价值是指档案是事实、经验和知识的记录，从档案中不仅能够找出有关事实的线索，也能体现人们在各项活动中的思考方式和思维过程。从以往档案中获得的经验能够指导现实的活动，是宝贵的参考依据。在科学研究、生产活动以及政治和军事活动中，如果不参考或者较少参考以往相关的档案内容，就可能走向完全错误的工作道路。

3. 档案的类型

（1）按照主体划分

宏观层面上，传统档案大多是反映国家社会这类官方权威机构的历史记录。中观层面上，不少企业、品牌也设立了专门的档案机构。

（2）按照媒介划分

档案的载体演变具有悠久的历史。国外的档案媒介经历了石刻档案、泥板档案、纸草档案、羊皮纸档案和金属档案等形态；中国则由甲骨档案、金石档案、简牍档案和缣帛档案等不断演变。当下，基于数字媒介的档案不断成熟和发展。数字化档案依赖互联网、计算机等数字媒介进行传播，相较于纸质档案更便于机构管理，用户更易于获取。例如，美国旧金山档案馆的网站中汇集了各类数字化档案资料，其中包含电影、书籍、音乐等领域资源。如美国密歇根大学计算机与电子游戏档案馆针对游戏建立了数字化档案网站，游戏爱好者可以通过该网站了解到数字游戏的演变历程，这无疑是参观者了解游戏的一条捷径。

（3）按照内容划分

针对档案内容所反映的对象，有关于人物的档案，也有针对重大历史事件的档案，还有针对物品的档案记录。“中国第二历史档案馆”的官网就展示了关于人物、事件、器物的数字照片档案。

（二）档案信息

1. 档案信息的概念

档案的上位概念是信息[①]。从广义上来看，所谓档案信息可以理解为“从档案这一载体出发能够给予人们心理上的准确性与现实中的精准性，是已经发生的既定事实事件的运动过程、轨迹，以及内在本质现象与规律解读；从狭义上来看，档案信息是由载体来呈现档案内容，但是又不局限于载体的知识内容。”

① 黄新荣．档案概念的反思［J］. 档案管理，2020（5）：5-9.

档案与档案信息的概念既要区别认识，又要联系看待。首先，档案信息脱胎于档案，也即档案是档案信息的来源，档案信息无论以何种载体呈现在大众面前，毋庸置疑的是信息内容最初的溯源肯定是档案。其次，档案比较注重载体与内容的不可分离性，而档案信息一定程度上更在意其信息功能，不再拘泥于载体、内容的统一。从另一角度理解，离开原载体而被进行传播交流的信息其实已经属于档案信息而非档案。最后，对于档案的独特属性——原生性来讲，档案的凭证作用具有得天独厚的优势，而档案信息受一定条件的影响其凭证作用则是相对的。

2. 档案信息的特征

档案信息作为一种特殊的信息资源，除了具备档案固有的特点，同时也具备信息共同的基本特征。

（1）原始记录性

档案是人类在社会实践活动中产生的、最为原始的记录，不同于图书、资料、文献等同类别信息被人工加工或者编撰下的产物，其属于第一手资料。档案信息来源于档案，与之对应的便是档案信息的原始性与历史性，保持着记录实践的最初的面貌，是档案信息最值得珍视的特征，同时也是档案信息不同于其他信息的本质与关键所在。

（2）延展性与扩充性

随着社会发展与时间推移，无论是在何种环境下，无论是在任何国家与地区，只要人类文明存在的地方必定会存在档案这一现实物质，每一个在社会活动中留下足迹的主体都有可能成为档案的记录者，即档案的形成者众多，档案种类繁杂，档案是一直处于不断产生的过程当中的，档案的数量极其庞大。随着档案数量的增加，档案信息自然会得到源源不断的增补，档案信息便会一直处于不断延展与扩充的动态轨迹中，这也使得档案信息可以成为一种动态化的信息资源。

（3）存储性与传递性

记忆是人的大脑进行存储的信息，计算机使用存储器存储海量信息，意即信息资源需要借助一定载体才能得以存在。随着技术的发展与人类文明的进步，档案的存储载体发生了翻天覆地的变化，从古代的龟甲、羊皮、金石等，到现代的纸张、硬盘等，这也映射出档案信息的存储性这一特征。档案信息的存储性为档案信息的传递性提供了机会。当然，有时为了方便信息存储与传递，档案信息可以进行一定载体的形式转换，档案信息经过加工、处理进行信息压缩或者扩充，从一种载体形态转换为另一种形态都是客观存在的，如从纸质到硬盘的转换就是为了更好地利用档案信息或者传递档案信息。也就是档案信息具有可转换性，这种特征也为档案信息的数字化提供了便利。档案信息这一信源只要通过一定信道，就能被相应的信宿接收，并可以进行信息处理与应用。随着现代信息技术的迅猛发展，档案信息的跨界流动已经变得非常普遍，“信息无国界”，在国家政治、经济、军事、文化等活动中，档案信息日益发挥重要的作用。

（4）完整性

一般是指没有经过许可而无法更改的档案信息。也就是说，档案信息在储存或传送时，不会因意外或故意删除、修改、伪造、乱序、重放、插入等破坏或遗失。完整性指以信息为导向的安全，需要维持信息的原始状态，也就是在信息的整个生命周期中保持与原始状态一样。

（5）共享性

档案信息的存储性决定了档案信息在一定条件下是具有共享性的。值得关注的是，《中华人民共和国档案法》中缩短了档案开放的时间，由之前的档案形成满 30 年向社会开放缩短为 25 年，还有部分类别特殊的档案资源可以少于 25 年即可开放。然而，在现实生活中，除了少数需要自行付费的信息以外，大多数信息其实都是可以对公众免费共享的。档案信息的共享性使得档案信息的交流双方在交易过程中不同于普通的市场交易行为，档案信息的“卖方”——信息拥有者与信息的“买方”——信息使用者之间不存在实质性的交易关系，也就是卖方不会失去信息这一物质，如果条件允许，卖方可以一直输出信息进行信息的共享，仍旧可以与其他买方进行信息交换。在这种状态下所形成的共享关系其实是不对等的，信息权力精英对大多数普通信息用户持有信息偏差的情况。不可忽略的一点，档案信息的共享性一定程度上会造成信息资源的无序扩散，有时候是有利的扩散，有时候可能便会出现有害的扩散。例如，档案信息被有心之人利用从而制造一些虚假信息，导致信息的真实性遭到破坏，进而危害国家与社会安全，引发不可挽回的损失。

（6）可用性

可用性是指档案信息可被授权的实体存取和根据需要使用的特征。也就是说，当需要时，档案信息可以被授权的使用者或实体所使用，或当网络局部损坏或需要降低使用时，仍然可以为被授权的使用者提供有效的服务。可用性是面向使用者的网络信息系统的安全性能。为使用者提供服务是档案信息系统的最基本的功能，而使用者的需求是随机的、多方面的。通常，可用性是指系统的正常工作时间与总的工作时数的比率。

（三）档案信息化

1. 档案信息化的含义

档案信息化有机地结合先进的现代化信息技术与档案管理，相当于档案管理机构应用先进的信息技术针对档案提供服务与管理，使档案管理实现科学化，从而提升效率与质量。基于以下层面准确地理解档案管理信息化含义。

（1）档案信息化是国家信息化发展战略在档案领域的具体体现

我国信息化整体发展的需求决定档案信息化的发展目标与内容及相关任务；档案信息化表示信息化在档案领域中的具体形式，因此需对国家的信息化进行绝对的无条件服务，基于战略整体规划架构进行有序地开展。

（2）档案信息化是档案工作与信息技术方法的结合

在数字环境下，档案管理的目标是极大程度地满足社会对档案的相关需求，但信息化需追逐的目标是最大程度地采取数字网等先进技术实现档案管理目标，意味着由以往的档案业务转移至优化的互联网环境。

档案信息化意味着信息采集、存储、处理的科学化技术，将实体档案条目信息转化为数字化与电子化档案，以便于归类管理、查询服务以及提升档案管理效率。档案信息化建设的流程：分类整理档案→档案交接→索引著录→档案拆分→扫描档案→处理图像→质量检验→图像和索引挂接→案卷整理。

2. 档案信息化相关理论

（1）档案有机联系理论

数字化档案间的关联能够以内容与结构等元数据为媒介进行表达；此理论揭示且存贮档案间存在一定价值的关联，对于人类全方位地掌握人文历史的过程将产生深远的意义；在档案管理信息化上，一方面将管理对象分为不同的环节与要素，对不同环节、要素赋予能够表征自身特性的准确描述；另一方面强调不同环节、要素之间的内在规律性，揭示现象与内在的对应关系。档案有机联系理论为帮助档案信息化管理人员深刻理解档案信息化建设过程要素特征、全局关系奠定了基础。

（2）文件运动理论

文化运动理论揭示了文件由形成至销毁整体环节的社会规律，将档案价值的改变彰显出来。一般可将文件运动有效地划分成四个时期，第一个时期是产生与制作生命文件，即产生机构；第二个时期是现行，即现行的有效运用档案的机构；第三个时期是半现行，即机关档案室或文件中心；第四个时期划归至档案馆，即永久性地销毁或者存贮，体现文件基于时空运动的规律。

文件运动理论以数字化档案、电子文本等为对象，重点描述这些管理要素从形成、变化到消亡的内在规律性。与文件生命周期理论形成互补，也有区别。文件运行理论重点强调了档案信息化建设过程中档案本身在不同阶段表现的特征与价值，反映了档案运动过程中各阶段的变化规律性；但是，档案生命周期论强调了档案信息化各时期改变的规律性，而且还系统阐述了不同阶段之间的内在规律性。

（3）档案价值理论

此理论表明档案存在使用价值与价值的双重性质，相当于为鉴定档案奠定理论方面的基础，同时相当于文件运动与档案有机联系等理论的前提。档案价值理论一方面强调档案本身的价值性，即档案能够充分记录个人、单位的经历与变化，便于后续查阅使用；另一方面强调档案的使用价值，尤其在档案信息化建设过程中，注重信息化的技术与方法在增强档案管理便捷性、档案查阅快捷性以及档案服务的人性化等方面的作用。档案价值理论能够为档案信息化建设过程中，深度挖掘档案自身价值、档案管理使用价值两方面提供重要的理论支撑作用。

（4）档案鉴定理论

档案鉴定的过程实际上就是对于档案进行选择和处置的过程。对于人类生产生活客观记录的档案，如果不考虑保存能力的限制，那么必然是尽可能多地留存下来记录历史活动的档案，这样才能为后世查考以往档案提供最丰富的文件记录和最真实、最全面的关于以往生产生活活动的信息。从档案的记录形式来看，档案的载体经历了多种多样的变化。在纸张使用之前，中国古代有甲骨档案、金石档案、简牍档案、缣帛档案等；外国有石刻档案、泥板档案、纸草档案、羊皮纸档案、蜡板档案、金属档案、棕榈树叶档案和桦树皮档案等。

在古代，由于档案的数量较少，只记录重大国家活动和事务，因此鉴定档案的必要性和迫切性并不那么突出。到了 14 世纪，欧洲一些国家的自制城镇才开始出现淘汰公文的做法，将无用的文件或者重复的文件淘汰掉。法国 1794 年的档案工作改革，正式开启了档案鉴定的时代帷幕。在这次改革中，制定并颁布了“法兰西共和历二年《穑月七日档案法令》”，将档案划分为四大类，分别是有用文件、无用文件、历史文件和封建文件，并尝试销毁其中的无用文件和封建文件。到 19 世纪末 20 世纪初，由于文件数量迅速增加，世界各国开始研究和制定更加详细的鉴定标准和规则。

20 世纪初，德国档案学者迈斯奈尔（Meisner）提出“高龄案卷应当受到尊重”的观点（通称“年龄鉴定论”），这一观点的产生，是对档案鉴定理论的初步探索，标志着档案鉴定理论研究的开端。之后档案学者从各种不同的角度对档案鉴定理论进行了探讨。1922 年，英国档案学者希拉里 · 詹金逊（Hilary Jenkinson）提出了档案鉴定的“行政官员决定论”，认为鉴定应该由行政官员决定。1956 年，美国档案学者谢伦伯格出版其代表作《现代档案——原则与技术》，提出公共文件具有第一价值和第二价值的鉴定理论（“双重价值论”），第一价值是对原机构的原始价值，包括行政管理价值、法律价值、金融价值和科技价值；第二价值是对其他机关与个人利用者的从属价值，包括证据价值和情报价值（也称“研究价值”）。从 20 世纪 50 年代以后，由于文件数量的惊人增长和文件类型的日益复杂，给档案鉴定工作提出了一系列新的问题，档案学者对于鉴定的新理论和新方法进行了广泛、深入的研究，出现了“利用决定论”“宏观鉴定论”等新的鉴定观点。“利用决定论”是 20 世纪六七十年代由美国档案学者提出的，强调从利用的角度出发，根据需求判断文件的价值。“宏观鉴定论”出现于 20 世纪八九十年代，德国档案学者布姆斯（Booms）、美国档案学者塞穆尔斯（Samuel）、加拿大学者特里 · 库克（Terry Cooke）等都立足于宏观的角度，认为档案是社会自身价值的反映，强调职能鉴定标准。

档案鉴定理论因为不同国家、地区行政体制和国情的不同，对于文件的取舍和存毁是有差别的，新的经济行业和文件类型的产生都会对档案的鉴定提出挑战，如何在传统的档案鉴定理论和崭新的档案存在形式之间取得平衡以及和谐发展，是档案鉴定理论需要关注的重点领域内容。

由此可见，档案鉴定一直是并且将持续成为文件处置和留存的关键问题，也是档案信息化工作中的一项基础性工作，无论是在档案的收集、归档、保管、利用的哪一个工作环节，档案鉴定都是重要的工作内容。在原生态数据档案管理阶段，如何更新、发展和拓宽档案鉴定理论的内涵和边界，使其更好地适用于现行档案鉴定工作，实现档案信息资源价值的最大化，从而避免造成人力、物力等资源上的浪费，是档案学界亟须关注的内容。

（5）档案信息伦理

人类在历经农业与工业文明之后，迎来了21世纪全新的文明——信息文明时代。这个依托大数据技术、云技术、通信软件、硬件基础设施的信息时代，以一种难以计算的速度将人类带入了一个崭新的时代。网络环境下的网络空间被人类视为“第二生存空间”，彻底改变了人类的生活方式。就像一个时代拥有一个时代的显著特征一样，石器时代代表着原始社会；铁器时代代表着农业社会；蒸汽时代代表着工业社会；网络则是信息时代最为显著的特征，它并不像石器时代、铁器时代、蒸汽时代由人类作为主控手进行直接的社会财富生产与物质积累，网络时代的生产生活其实本质上是基于“网络”这一基础平台，网络是另一种意义上的信息载体，也可以作为支撑信息活动的一种技术方法，不同于现实意义上的传统物质生产活动，网络时代是一种崭新的人类生存空间。信息社会与档案信息伦理的产生是密不可分的，档案信息伦理便是档案事业由传统社会向信息社会发展的时候所必须面临的崭新课题。随着信息技术的发展，技术在改善人类生活质量与技术服务人类生活的过程中也在不同程度上影响了人类对社会的认知和观念。但是，在这些影响改变社会传统走向的同时，由于信息技术能够隐匿深层次的人际关系，进而会造成信息社会中出现信息冲突、伦理失序的现象。这些现象不仅出现在社会层面，而且引起了学术界对其的关注，在档案学界也对档案信息活动中暴露的档案信息伦理问题进行思考与探究解决方案。在当前的档案工作中，网络环境的日新月异为档案事业发展带来机遇的同时，对整个档案信息活动也产生了较大的冲击，使得档案信息活动孕育出了新的信息价值理念与档案信息伦理精神。网络环境下的档案信息化发展呼吁着新的伦理关系，“档案信息伦理”的概念应运而生。所谓的“档案信息伦理”，通俗来讲就是在信息社会产生的，档案信息活动中由不同的档案信息行为所引发的一类道德关系，不仅涉及档案信息活动中的伦理关系，还与不同的档案信息主体有关，也常见于档案信息行为的过程之中。也就是，档案信息伦理是网络环境下档案信息主体在产生信息活动过程中的内在行为标准。因此，档案信息伦理是关乎整个档案信息化过程和信息行为的伦理。具体来讲，是指涉及档案信息管理、利用、传播等方面的伦理规约，以及在此基础上形成的新型伦理关系。在国内，关于档案信息伦理的研究并不多，但是其最为珍贵的意义在于为档案信息方面的研究提供一个新的伦理道德体系，不仅在学术圈产生了深刻的影响，而且使得档案信息活动中的主体在网络环境中更加注重自身行为规范，通过建立一种人们默认遵守的伦理规约，可有效协调信息社会中每一位档案主体之间的行为关系与道德行为，维护网络社会中的良好环境，促进档案事业更好地发展。

3. 档案信息化的特征

（1）增量档案电子化

增量档案是指在现代信息技术与行政、业务等活动相结合的背景下所产生的电子文件及其归档保存的数字档案资源。随着信息技术的发展，电子文件已成为当前社会的主流文献形态，对于档案机构而言，必须充分掌握电子文件信息的形成、存储、检索和传递等方面的管理理论和技术方法，使产生的有价值的电子文件能够及时收集归档，保证档案安全和档案资源体系建设质量。

（2）存量档案数字化

存量档案是指档案馆中长期积累、保管的传统介质档案资源，如纸张、缩微胶片以及其他实物档案等。为了提升档案保管、检索和开发的效率，使档案管理与社会信息化进展相适应，必须制定合理的档案数字化战略，运用数据库技术、数据压缩技术、数字扫描技术等方法将传统载体档案信息数字化，扩大数字档案信息资源总量，改善档案信息资源结构，发挥数字档案资源处理、传播、利用的优势。

（3）档案传输网络化

推进数字档案信息资源的共享，强化不同信息主体之间的互联互通是档案信息化建设的重要目标。信息的网络传输使档案管理打破了时空界限，使电子文件可以通过网络传输及时归档，电子档案可以及时接收进馆，用户也可更加方便自由地查询利用档案信息，进而增加档案信息的传递效率，拉近档案机构与用户之间的距离，从而更好地实现档案价值。

（4）档案管理现代化

档案管理的现代化体现在科学化、规范化和自动化上。一是档案管理科学化，即尊重数字时代档案管理的科学性，以更为合理的资源规划和流程设计体现数字档案信息的运动规律，实现实践与理论的协调发展；二是档案管理规范化，即要求数字档案馆建设应重点围绕数字档案信息资源的海量和异构性、档案信息传递和管理的效率与安全需求等问题，在元数据著录、应用系统基本功能、数字化转化、信息资源共享和风险防控等重要领域实现法规遵从和标准一致；三是档案管理自动化，即在传统档案馆的基础上，综合运用现代信息技术，如计算机技术、网络技术、存储技术、数据库技术、数字化技术、多媒体技术、通信传播技术等，实现档案实体管理、业务管理、档案保护及库房管理和档案馆办公的自动化，并紧跟当前不断发展的大数据、移动通信、云计算和互联网技术，推动档案管理的智能化。

4. 档案信息化的原则

对于档案信息化建设而言，必须要有高标准的设备作为支撑，为提升档案管理效率提供重要的物质基础。要不断加强信息化档案管理软件投入，完善资源检索系统，实现快速有效地进行档案信息库查询，给档案管理效率提升创造条件。为了达到提高档案信息化建设的最终目的，要注重培养档案管理人员的信息化技能和素养，确保档案信息化建设有序实施，促进档案信息化的进一步发展。

（1）注重效益

确保效益是档案信息化良好发展的前提所在，具体表现为：一是投入和产出比例比较合理；二是在工作成果方面具有可持续性。在档案信息化推进的过程中，不管是国家还是地方，都投入了不少的资金，但是却没能充分发挥这些资金的作用。此外，档案信息化走了不少的弯路。例如，在对档案进行信息化建设的过程中，格式选择错误导致无法阅读电子文件；对数字化对象的事前考察不充分、选择失当，导致花费时间和资源进行数字化的档案无人查阅；在档案管理软件的选用上比较随意，在不同的阶段使用了不同的软件，导致档案中的数据零乱分布在不同的系统之中，无法进行有效的互联互通，这在很大程度上阻碍了用户的查阅。

这些教训提醒了档案机构，在单个档案机构占有的资源总量较少，外部环境发展较好的情况下，应遵循注重效益的原则，科学地规划和控制档案信息化，保证投入的资金可以得到有效的利用，以此推动档案信息化建设的可持续发展。

（2）统筹规划

要想坚持注重效益的原则，就必须进行统筹规划。档案信息化是一个长期的、系统性的工程，有着众多的要素，投资也非常大。在具体的工作过程中，需要充分调动各个方面的积极性，尽可能避免出现重复建设和盲目建设的情况，最大限度地降低损失；还要促进各个部门之间的信息交换和信息共享，提高各级部门的档案信息化水平。为此，需要在较高的层面上，对档案信息化各个阶段的具体目标、具体任务和具体措施进行总体规划和部署，步步为营，扎实推进。不管是中央还是地方，各个层面都需尽早开展档案信息化的规划并逐渐落实。

（3）需求导向

在档案信息化推行过程中，要注意满足档案管理、开发、利用方面的主要需求，从而解决在实际工作中容易出现的问题，体现档案信息化项目的实际成果，扎实推进档案信息化工作。档案信息化过程包括从项目规划的开始到具体的实施，定设计开发到档案信息资源的构建。这些过程都应该秉持实事求是的原则，坚持以最实际的需求为导向，绝不能为了省事，不做实地调查就做出决策。

（4）保障安全

在过去以手工形式开展档案安全保护工作时，保密是最主要的任务。这项任务在电子环境中依然重要，除了过去完全依靠手工操作防止泄密的任务之外，还需要防止电子文件中数据信息的丢失、失真以及由其他各种原因导致的信息不可使用的情况。电子文件所使用的光学载体的最大特点是存储密度高，在一个载体中，在互联网中合法地利用档案信息的同时，不法分子也可以对平台上的档案信息进行篡改。所以，在档案信息化实现之后，档案安全保护工作的难度要远大于手工实体档案的时代。为了有效解决这一问题，国家层面需要加快建立健全相关的法律法规，利用法律这根准绳，建立一个全国统一的标准，在此基础上加强信息化时代下档案信息的保护工作。这样一来，可以正确、有效地处理档案信息的开放与保密之间的关系，多管齐下地搭建起一个完整、严密的档案信息安全保障体系。

第二节　档案信息化建设的内容

一、档案信息化基础设施建设

基础设施是档案信息化建设的物质要件，是档案信息资源开发利用和信息技术应用的基础。软硬件基础设施的核心是信息网络，如何充分利用公共网络环境构建符合特定要求的档案信息网络平台，是档案信息化基础设施建设的重要内容。

软硬件基础设施是档案信息化建设的物质要件，是档案信息资源开发利用和信息技术应用的基础。软硬件基础设施的核心是信息网络，如何充分利用公共网络环境构建符合特定要求的档案信息网络平台，是档案信息化基础设施建设的重要内容，主要有：①主机房；②网络平台；③服务器及存储备份设备；④终端设备；⑤档案数字化设施、设备；⑥音频、视频等其他硬件设备；⑦基础软件等。

二、档案管理应用系统建设

档案管理应用系统是指以档案信息资源为内容，以档案资源管理、共享为目的，以信息技术及其软硬件设施为方法而构建的各类档案信息管理系统。档案管理应用系统建设作为档案信息资源管理的技术保障，关系着档案信息化建设的速度与质量，体现了档案信息化建设的成效。

档案管理应用系统目前主要有针对不同应用环境开发的各类档案管理软件，基于政务网的文件档案数据库系统、基于互联网和政务网的档案网站、基于实体馆藏综合各种信息技术而建立的数字档案馆等。档案管理应用系统的主要功能有：①接收功能；②管理功能；③保存功能；④利用功能；⑤系统管理功能；⑥身份认证功能等。

三、档案信息资源建设

档案信息是国民经济和社会发展的战略资源之一，它的开发利用是档案信息化建设的核心内容，标志着档案信息化发展的水平，决定了档案信息化建设的成效。档案信息资源建设的具体任务有以下三项。

（一）档案目录数据库建设

档案目录是档案信息资源与档案用户之间的桥梁，也是档案资源管理的必要工具。档案机读目录又称“电子档案目录”，根据目录著录对象的不同，分为机读文件目录和机读案卷目录等。

（二）电子文件归档管理

文件是档案的前身，在电子文件或称“数字形式的文件”占形成文件比重越来越大的今天，电子文件将成为未来档案的主要来源。必须加强对电子文件的归档管理，制定电子文件归档管理规范，实现从电子文件到数字档案的“无缝连接”。

（三）传统载体档案的数字化

档案数字化是指将传统介质的纸质档案、缩微档案、声像档案等通过扫描、拍摄、采集转换成为数字化数据的过程，是解决传统档案信息对数字环境的不适应性而采取的技术措施，也是一项解决“存量档案”的阶段性工作。随着办公自动化的发展，电子文件将逐步替代非数字文件，档案数字化的任务将逐渐减少。

四、档案信息化标准规范建设

法规、标准的制定和执行是信息化建设的保障。档案信息化法规、标准应涵盖信息化建设的所有方面，包括电子文件归档和数字档案管理的各个环节，以及档案信息化法治建设和档案信息化标准体系建设两个基本方面。

五、档案信息安全保障体系建设

档案信息不同于一般信息，记录着社会活动的历史过程。档案中有相当部分内容包含敏感信息，具有保密性和利用限制性。这些信息一旦泄密或被非法利用，将会威胁国家的安全，损害公众的利益，影响社会的稳定。因此，必须建立安全保障体系来严格管理对档案信息的合理利用。

六、档案信息化人才队伍建设

人才是信息化建设的成功之本，重视信息化人才的培养，提高档案从业者的信息素养和信息技能，造就一支适应档案信息化建设需要的人才队伍，是档案信息化建设的重要内容。与其他行业相比，档案信息化人才队伍建设形势比较严峻，人才资源紧缺在一定程度上制约着档案信息化建设的发展，档案信息化不仅需要一支既懂信息技术又懂档案的专业队伍，而且需要全行业信息化意识和知识水平的提高。

第三节　档案信息化建设的任务

一、推进档案信息资源库建设

档案信息资源的使用价值日益凸显，须逐步加快存量档案数字化和增量档案电子化工作，发挥好了档案集约化管理档案的使命和优势，推进资源丰富、有效整合、高度共享的档案信息资源库建设，在摸清家底的同时，为各企业、各部门提供高效、便捷和智慧服务。

二、加快档案信息共享平台建设

加快档案信息共享平台建设，建立面向集团总部、面向行业领域以及面向社会公众的多维度、立体化档案信息服务平台。创新档案信息服务方式，推进档案服务泛在化、智慧化，创造档案信息的经济效益，建立新型档案信息服务体系。

三、加强技术创新和制度创新

在充分利用信息技术和网络平台的基础上，加大技术创新和制度创新，完善档案信息管理体系、档案信息安全体系和档案标准规范体系建设，建立健全具有特色档案信息保障体系，示范引领档案信息化技术创新和制度创新，确保档案信息化健康有序发展。

四、加强电子公文归档与管理

档案部门要积极参与电子政务建设，把电子公文归档管理作为电子政务建设的重要环节纳入其功能总体设计框架中，探索利用统一的网络平台整合档案信息资源、最大限度地实现信息资源共享的有效途径。配合全国政府系统办公业务资源网电子公文传输系统的开通，国家档案局正在加紧制定一系列有关电子公文归档、电子档案管理的规范性文件和标准。各级档案行政管理部门也要认真研究电子政务建设给档案工作带来的影响，加强对机关电子公文归档、电子档案管理的监督和指导工作。

五、加紧建设国家档案文献资源库

加快馆藏档案的目录数据库和必要的全文数据库建设进程。各级国家档案馆要从提高档案管理现代化水平、方便利用者出发；首先做好馆藏档案文件及目录数据库建设工作，在此基础上积极创造条件；其次有计划、有步骤地开展对重要珍贵、易损、利用频率高的档案的数字化工作，建立这类档案的全文数据库，以加强对档案原件的保护，提高利用工作效率；最后要把档案数字化工作与档案资源建设结合起来，主动与档案移交部门进行协调，根据需要和可能，解决好进馆档案数字化问题。

六、加速构建国家档案工作信息网

当前，档案工作者面临的并不主要是社会档案意识不强的问题，而是档案部门应当着力于不断增强社会意识的问题。只有切切实实地为社会提供更多更广的服务，并且不断提高为社会服务的效率和质量，档案工作才能真正融入社会，才能真正得到社会的认同，才会真正获得自己的发展空间。

北京有一个档案馆，过去其档案阅览大厅虽说并非门可罗雀，但与同属信息服务行业的图书馆博物馆相比确实还存在较大的差距。而该馆开通网站并且提供开放档案目录查询服务项目以后，点击率一路攀升到每月万余人次。有的档案馆还开展了现行文件在线查询阅览服务，在社会上引起了非常好的反响。档案馆的作用得到了社会更加广泛的认知和认同。毋庸置疑，档案部门通过各级网络开展档案信息服务，是档案部门提高服务水平的一个重要渠道，也是档案信息化建设最根本的目的所在。

加强档案网站建设，是提高档案信息服务水平和质量的一个重要途径。网站建设是提供档案信息利用服务的新，同时也是档案宣传工作的新方式。网站建设投入少、见效快，档案信息化建设起步比较晚的单位可以把网站建设当作突破口，以建立和维护档案网站带动档案信息化建设其他各项工作。网站的作用一方面是向社会广泛宣传党和国家关于档案工作的方针政策、法律法规，介绍档案和档案工作的作用，展示我国档案事业取得的成就，另一方面是为提高档案信息利用服务水平提供新的途径和方法。各级档案部门要进一步抓好这项工作，已经建立网站的要不断加以完善，还没有建立网站的要尽快建立，大家共同努力，争取早日建成方便快捷、四通八达的国家档案工作信息网，进一步密切档案部门与人民群众的联系。

第四节　档案信息化建设的意义

一、顺应信息时代发展的必然趋势

无论是从国家的发展，还是世界经济趋势看，互联网技术已经深刻影响人们的生产生活活动，顺应信息化趋势能够在经营管理具体事务的过程中充分利用各类信息。利用最新的计算机技术可以精准地计算和过滤无效信息，在一定程度上提升档案管理的质量，从而更好地顺应时代发展的潮流。

二、提高档案管理工作的效率

档案是一个逐年累积的，随着年限的不断延续，档案会逐年增加，使得档案管理工作需面对海量的文件和各类数据信息。传统的纸质档案、磁盘档案需要投入大量的人力、物力，也需要占据很大的空间；并且纸质档案的存储难度相对较大，很容易受到环境的影响而被损坏，如温度、湿度等自然因素都会影响纸质档案的保存，很容易造成重要档案信息的丢失，所以纸质档案的管理造成较大的负担。而档案管理信息化可以节省人力的投资，仅需几台电脑便可以完成海量的档案管理，通过计算机技术可以迅速地查找各项工作所需的档案内容，提高管理工作的效率。

三、实现档案自动化管理

档案信息化建设依托信息技术、大数据技术等，可以精准、合理地分类档案信息，并将其制作为便于保管和查阅的电子档案，再统一整理至档案官方网络平台，以便于用户检索。同时，推进档案信息化建设还能够避免因用户频繁翻阅纸质档案造成资料损坏，从而充分保障档案信息的安全。

四、增强档案管理的安全性

如何确保珍贵的档案资料不丢失、不破损、不模糊，如何保证档案资料传输过程的安全可靠，一直都是档案管理工作人员着重思考的问题。在档案信息化建设的积极影响下，档案管理的安全水平显著提高。由于档案信息化建设让电子档案逐渐成为档案信息记录和传输的载体，档案资料不再出现丢失、破损、字迹模糊等情况，档案保存时间明显高于传统纸质档案资料的保存时间，所有档案资料都可以进行备份处理，即便存储件丢失或者无法读取，也可以调阅备份档案资料。而且，在档案信息化系统平台中，通常会采用密钥管理系统，没有权限的人员无法登录并查阅档案，这也在一定程度上保证了档案资料的安全。

五、满足民众多元化、个性化的需求

无论是在社会发展中，还是在人们的工作与学习中，档案都扮演着极其重要的角色。新时代推进档案信息化建设能够进一步扩大档案服务范围，促进档案服务内容更加多元化以及服务形式更加丰富，从而更好地满足民众多元化、个性化的需求。

六、提升档案资料搜集的便利性

大数据时代下的信息技术，被广泛应用到社会各界，尤其在档案管理中得到快速普及，这在一定程度上提升了档案资料的录入率，有效改善了传统模式下成本高、时间长等弊端问题，在保证档案资料独立性、完整性的同时，充分发挥了信息技术的优势作用。

档案资料的数据录入，逐渐走向多元化发展趋势，不再以单一的文字为主要形式，而是在此基础上全新增设图片、音频、视频等数据录入方式，这为档案文件的资料搜集、分析、汇总以及录入等创造更多的便捷空间。

七、保证档案资料的完整性

通过加强档案信息化建设，可以有效避免档案资料的破坏与损失，真正实现档案管理工作的智能化与数字化，既减轻了用户在档案查阅、拆装、复制等环节的时间成本投入，又有效地降低了对原始档案的磨损程度，是对档案资料的一种保护方式，有力保障了其内部资料信息的真实性和完整性。当因突发情况需要异地调取档案资料时，档案使用者无须等待，只需要通过计算机网络平台便可实现在线快速调取，突破传统模式下空间与地域的局限性，减少了纸质资料的运送环节，在规避档案资料丢失问题的同时，进一步增强了档案信息的安全性，起到了良好的保护效果，有效延长了其实际使用寿命。

八、深挖档案文化资源的内在价值

新时期的档案文化管理已经不再只是完成档案资料收集、整理、存储以及传输等简单管理工作，为了进一步促进经济高质量发展，必须要加强档案管理力度，深挖档案资料价值。在各类信息技术的支撑下，档案文化管理变得更有深度和广度，尤其加强了对各类档案资料的分析和利用，深挖档案资料的核心价值，加强对档案资料的有效串联，找到档案资料与战略发展的内在联系。为了能够持续深挖档案信息资源，并且利用好、开发好这些珍贵的档案资料。为了能够深挖资料中的内容，就必须要利用档案信息化，实现对档案信息的开发利用和全面共享，盘活档案资料资源，充分发挥和挖掘其内在价值。将分析和挖掘出来的档案资源，通过网络形式传输给各个部门，这样便赋予了档案资料更强的生命力和影响力，这样才能真正发挥出档案的重要作用。

第二章 档案信息化发展与现状

社会的进步往往伴随着信息化和知识化的蓬勃发展，信息化建设是推动现代化发展、实现工作高效化、提高综合竞争力的主要方法。档案信息化建设在档案工作发展中充当着至关重要的角色。本章则围绕档案信息化的发展和档案信息化应用的现状等内容展开研究。

第一节 档案信息化的发展

一、档案信息化发展的背景

档案信息化的发展是网络时代的迫切需求也是必然趋势，国家政策的号召、档案信息技术的革新以及学术领域的探索与研究，都为档案信息化的发展创造了良好的发展环境，因此，档案信息化发展的背景涉及政策背景、技术背景和学术背景。

（一）政策背景

我国档案信息化起步于 20 世纪 80 年代，档案部门逐步将档案工作与计算机技术相结合，并加大对档案信息化标准政策的关注。现今信息网络技术的广泛应用、电子政务的快速发展不断为档案信息化建设提供新鲜血液。

（二）技术背景

资源共享模式的兴起促进了技术的突破与创新，为档案信息化的发展带来了便利。人工智能应用面的逐渐扩大为档案信息化应用系统创造了条件，扩大了其系统功能的准确性、完整性与便利性，大大缩短了办公时间，节约了人工成本，如在人们健康档案的利用与查询上，充分结合专家信息及意见构建了医疗健康系统，在方便市民的基础上还提升了健康信息的覆盖面及准确性。在可视化技术、数据分析技术发展的背景下，档案信息化的利用显得更碎片化。因此，技术背景也为档案信息化的发展提供了支持和动力。

（三）学术背景

在传统档案管理及建设的发展过程中，收集、管理、利用这三个环节是其主要的工作流程，收集工作主要是对各归档部门移交的纸质版和电子版资料进行收集整理；管理工作主要依赖计算机对各档案资料进行分类、组卷及编目等；利用是指借助现代技术对库存资料进行加工、制作、传播等。虽然这是一套完整的管理模式，但在这种管理模式下也出现了部分档案信息资源难以共享、档案软件功能不完善等问题。这也意味着档案信息化建设是档案现代化管理的一种新方向、新模式，同样也是档案工作开展的必然趋势。

然而，在对档案信息化相关研究进行检索时，能够看到大量的研究成果，这在丰富其领域理论研究成果的同时也无疑增大了信息传播的不准确性，无法得出档案信息化相关领域具体的研究热点，因此需要更新其研究方式，从理论与数据相结合的多视角共同探索档案信息化研究热点。

二、国内档案信息化的发展历程

在我国档案信息化管理在早期是以“档案现代化管理”的提法出现的，所谓现代化，是相对传统管理而言，其主旨是以系统理论为基础，以数学方法为工具，信的积极性和创造性，以使被管理对象的整体动态在确定的目标下，取得最佳效果。现代化的主要特征体现在系统化，定量化、信息化和智力化方面。以此展开，档案现代化管理则主要是以现代管理科学为指导，应用现代化的管理方法，充分采用先进技术和设备，充分发挥档案管理人员的主动性、积极性和创造性，对档案管理的传统方法进行改革，使档案管理逐步实现系统化、定量化、信息化、智力化，以取得档案管理总目标的最佳效果。后续，随着国家信息化战略在各专业领域内的实现“信息化”相对“现代化”而言更能体现时代特色，同时也更能体现新时期档案工作的特点和努力方向，因此，档案的现代化管理便推进至档案信息化管理阶段。我国的档案信息化管理基本经历了三个阶段。

（一）认识与起步探索阶段

档案信息化产生于文档一体化。20 世纪 80 年代中后期，市场经济竞争加剧，各企业为了提高自身的市场竞争力，纷纷采用网络信息技术，开展企业的信息化建设。这样做的目的是提高产品质量，降低生产成本，加速产品流通。到了 20 世纪 90 年代，办公自动化系统的研发与实施为企业的高速运转提供了更为强大的支持。随着企业信息化的不断加强，产生了大量的企业电子文件，如产品清单、计算机辅助设计等数字信息，这些电子文件很难用纸质文件保存，即便可以用纸质文件保存，也不方便使用。此时，档案管理面临着如何接收、如何保管这些电子文件的严峻挑战。一些企业开始尝试在办公自动化中增加电子归档、电子档案管理等功能，一些档案管理人员开始了解和接触计算机操作，但这种使用方式只局限于单机操作、机读目录管理以及手工业务的计算机化。20 世纪 90 年代中期，为了适应我国信息化建设和档案事业发展的实际需要，我国一些大的城市档案信息化建设工作开始起步。1992 年，一些市级档案馆开始考虑档案信息化的规划与建设，在充分调查、分析档案部门的业务需要、管理方式、收集的内容、管理的形式、档案的利用情况的基础上，对档案领域计算机应用系统建设工作进行了多方面的设计和规划，并取得了初步成效。由于这个时期全国档案行业的信息化基础设施较为薄弱、应用系统不太完善、档案工作人员知识结构单一等不足，档案信息化规划的一些初步成果仅停留在计算机辅助手工管理的局部性和探索性研究阶段，档案管理信息系统的应用也仅局限于单机版、档案卷宗目录数据的管理以及条件相对优越的小范围的档案馆。总体来说，这个时期全国的档案信息化仍然处于常识性的初级应用阶段，但一些前瞻性的研究工作为档案信息化未来几年的发展奠定了一定的基础。

（二）基础建设与成长阶段

1995—1999 年，我国的档案工作进入更大范围的基础建设和初步成长阶段。这一阶段档案工作的重点在于信息化基础建设和应用化设计。随着档案信息化建设的迅猛发展，国家对档案信息化建设资源的投入不断增加，无形中也增强了人们的档案意识，出现了众多的档案管理软件。更可喜的是在互联网上出现了档案网站，各大城市的档案馆随之建立了档案目录数据库查询和检索系统，开始利用局域网提供档案目录信息资源的服务。中国人民共和国国家档案局在1999年发布了《CAD电子文件光盘存储、归档与档案管理要求》，档案信息系统发展成为网络运行模式。尽管如此，这一阶段的档案信息化工作仍然存在着许多局限性。具体表现为档案信息化的标准还不够明确，档案的规范化程度还相对落后，档案的文件制度还不健全，档案系统的研发人员与档案系统的使用人员之间还缺乏深层次的交流和沟通；档案信息系统的研制还处于初步成长与探索阶段；档案数据信息系统的应用还处于目录数据集中管理与目录数据信息局域网内共享的应用阶段；电子档案文件的收集、整理、保管、利用还未进行更加深入的工作；档案的主管部门还没有把档案信息化工作纳入议事日程，上级主管部门对档案信息化管理的投入力度不够。可是，这一时期的基础建设工作和管理系统的开发利用工作为第十个五年计划（简称“十五”）期间全面开展档案的信息化建设工作奠定了良好的硬件基础，为以后的档案信息化建设积累了宝贵的经验，同时培养了档案信息化建设的使用人才和管理队伍。

（三）发展与应用阶段

21世纪初，社会各行各业的信息化建设进入了发展和应用阶段，特别是我国的电子政务进入实质性的运行阶段后，档案的信息化建设步伐进入了发展和应用阶段。国家档案局从2000年起将加快档案信息化建设列为全国档案事业发展“十五”计划的一项重要内容。国家档案局、中央档案馆于2001年颁布《档案管理软件功能要求暂行规定》，对档案管理软件的开发研制和安装使用进行严格规范。本阶段的另一特点是档案目录数据库发展迅速，档案网站建设从无到有，快速发展。这一阶段，在信息化总体战略的推动下，国家和地方政府对档案信息化建设投入均有较大增加，档案部门配置的信息化设备激增，相关法规得到进一步完善。同时，档案从业人员的计算机应用能力迅速提高。到“十五”计划末期，全国除省级综合档案馆外，大部分的市、县、区档案馆建立了局域网并与当地政务网连通，重要档案馆实现了重要全宗纸制档案和照片、录音、录像档案的信息化。这一时期全国的档案事业取得了长足的进展，其主要表现在以档案信息资源的开发利用为目的开展档案的信息化建设，编制了相关的档案数字化规范标准并得到了实施。在国家档案局的带领下，全国档案系统掀起了开展档案信息化建设的科研工作，探索出了许多加快档案信息化建设的新方法，也研究出了部分具有实际应用价值的可行性科研成果。与此同时，馆藏档案数字化加工、档案数字化服务利用等工作普遍开展，电子文件归档和归档后的电子档案的管理系统也逐步建立起来，在一些条件相对较好的单位已经开始探索 AMIS 系统的智能客户端运行模式。此外，国家档案局制定并颁布了一系列的规范，如《电子档案管理系统基本功能规定》《电子会计档案管理规范》（DA／T 94—2022）《电子档案移交接收操作规程》（DA／T 93—2022）等. 各省、自治区、直辖市根据当地的实际情况和发展特点也制定了相应的规范及实施方法。这充分体现了国家主管部门对档案工作的重视，为推动我国档案事业的可持续发展创造了有利条件。

综上所述，档案信息化发展经历了以上三个发展时期，但每一个机构在开展档案信息化建设的过程中都会有不同的经历。相对来说起步较晚的一些档案馆，在充分认识到档案信息化的重要性和时效性以后，积极采取了一系列的准备工作，如加快体制改革、更新管理理念、优化业务流程、规范管理工作、准备基础数据、引进复合型人才、加大投资力度等，努力实现档案信息化的跨越式发展，这将会形成档案信息化建设与发展的新局面，有力地推动档案信息化建设的发展。

三、国外档案信息化的发展历程

档案信息化管理是档案工作与时俱进的必然要求。档案信息化管理的一项重要工作就是实现档案的电子化、数字化，电子文件技术鉴定就是检查电子文件的各方面技术状况，包括电子文件信息真实性、可读性、完整性的识别及其病毒检测与载体状况的检测。

在对档案管理信息化的具体实践上，美国也率先有了行动。1985 年，美国成立了国家档案和记录管理局（NARA），由总统直接领导，并对其具体档案管理的各项工作提供了指导，这体现了美国政府十分重视将档案管理信息化纳入国家信息化总体框架中规划和设计。此外，美国政府一方面是通过档案管理体制的建设，促进档案管理信息化，另一方面还通过实施一系列的信息化工程来推进档案管理信息化和现代化进程，如美国政府在 20 世纪 90 年代提出的“信息高速公路计划”和“美国记忆”等工程。此外，加拿大、澳大利亚、英国的用户则可以通过其档案馆（局）所设立的档案门户网站检索和查阅自己所需的档案信息。目前，国外档案馆不仅对纸质化档案和胶片档案进行数字化，也对照片、录音等其他载体的档案文件进行数字化处理。事实上，一些发达国家在电子文件管理理论、标准、参考模型等方面的研究领先于世界，其许多成果已成为国际标准。通过总结国外档案管理信息化研究可以发现以下几个特点。一是在档案管理方面注重服务功能。事实上，建立电子档案、实施档案一体化管理的最终目的还是档案信息可以被全社会共享，在不同的领域得到更好地应用。所以，在推进档案管理信息化的进程中应强化服务意识，注重服务水平的提升。二是注重档案管理系统的终端获取界面。档案获取方式的高效便捷使得数字化档案的优势得到更好地发挥。三是档案管理信息化中创新理念的融入。这也正是档案管理的不断创新所带来的巨大变革，时代不停地在发展，同样档案管理业也需要不断地创新。

四、档案信息化的发展方向

在社会大踏步前进，大数据火热，互联网的发展背景下，档案信息化已经成了势不可当的趋势，这是档案管理工作的巨大机遇，也是巨大挑战，档案工作人员需要做好充足的心理准备，在曲折中向前，摸索中前进。未来的档案信息化在设备设施、信息技术、管理方式、人员素养四个大方面上都需要更多提升。设备设施需要根据企业的实际需求，跟随时代的发展，定期更新换代，新式晒图机、计算机、服务器、库架、温湿度控制等设备设施的智能化都是档案信息化的未来发展方向。信息技术方面则应根据使用管理信息系统的档案工作人员与用户需求，时常进行改善优化，留存拓展接口，预备兼容格式与办公自动化系统，内网平台的对接，为信息技术的持续提升时刻做好准备。管理方式上需要根据档案信息化的实际运行情况，对旧的传统形式的组织结构和责任划分进行重新调整，平衡融入新增工作项目，废除旧的工作项目。档案信息化时代的档案工作已经不再是单一的相关档案学，它将是档案学、图书、信息、计算机等学科的交融，对工作人员的素质培养要求也会有更全面的要求，需要更多专业方向的人才来推进档案信息化的发展。

第二节　档案信息化应用现状

近年来，伴随着信息技术的广泛应用，各级政府广泛推进电子政务工作，档案部门也将工作的重点转向档案信息化建设方面。经过近些年的发展，我国档案信息化建设各方面均取得了巨大的成绩，档案信息化建设被纳入国家信息化建设的总格局，经过统筹规划和分级建设，结合政府信息公开的实际需要，逐步成为国家信息化战略的重要组成部分。

在2010年制订的《档案事业发展“十二五”规划》中，将档案信息化作为档案工作的八大主要任务之一，同时将“重点在档案资源建设上有普遍改进，全面完善覆盖人民群众的档案资源体系”作为三大战略之一，提高了档案信息化建设工作的地位①。

另外，经过近年来的发展，全国的档案信息化环境得到了极大改善。从硬件方面看，全国很多档案部门建立数字档案馆，为档案信息化管理工作提供了新的平台。数字档案馆的建立，不仅是简单的办公自动化以及馆藏档案的数字化，还应借助网络技术，实现档案接收、整理、存储、利用一体化管理，为档案信息化建设提供有力保障。从软件方面看，档案信息化意识得到增强，相关法律法规和标准规范日益完善。同时，各档案机构逐步认识到档案信息资源建设在档案信息化建设中的重要地位，档案信息资源得到丰富，结构也有所改善；档案部门加强对档案信息化人才的培养，档案部门人员素质有一定的提高。近年来，电子政务在全国范围内的广泛推广为档案信息化建设注入了新的活力，同时档案信息化建设对政府信息公开也起到了一定推进作用。档案部门作为电子政务实施的重要组成机构，积极参与其建设，对电子政务环境下产生电子文件与电子档案实行一体化管理，为满足政府信息公开的需要，对档案信息资源进行整合，面向社会提供利用，使档案信息化建设更好地为政府信息公开服务。在取得巨大成绩的同时，我国档案信息化建设尚未完善，还存在很多的问题。档案信息化建设存在区域发展不均衡的现象，北京、上海等城市起步较早，发展相对较快，西部地区发展相对较慢。

---

① 陈鸿梅．基层党建档案管理工作如何向信息化深处推进［J］．办公室业务，2012（15）：131；133.

另外，政府信息公开的发展要求档案部门肩负起相应的职责，这也对档案信息化建设提出了新的要求。我国在档案信息化建设过程中对政府信息公开工作这一新的领域未能引起足够的重视，对档案信息化建设的对策研究相对不够充分，在一定程度上制约了我国档案信息化建设工作的开展。

一、档案信息化取得的成绩

（一）档案数字化积极开展

当前很多档案管理部门都开始了档案数字化的进程，以相关档案资料的管理整合和进行全方位管理使用等作为主要服务目的，以档案信息数字化管理系统化作为主要档案管理技术，以纸质和电子化的档案文件影像为主要的管理对象，以硬磁盘编码阵列为用户提供存储档案媒介。基于国家档案局关于信息化建设的新要求，并基于档案保管和利用的需要，很多档案管理部门按照重要程度、载体特殊性和利用频率，逐步推进传统载体档案数字化工作，选择相应软件进行全新档案管理系统开发，启动档案管理系统升级项目，满足监管要求，实现档案采集、编目、归档、利用等工作的系统管控，并可与现有部分系统对接，实现业务数据的自动归档，实现档案管理和服务的数字化和智能化。信息化档案管理系统，会对现有已经建设成功的档案信息系统进行性能优化，通过对档案业务基础需求、功能需求、接口需求、安全需求等维度进行升级。在升级后的系统中，档案收集模块分为在线著录、数据导入、数据接口归档三种方式，所有录入的数据都会被收入整编库中，统一进行整编管理。在线著录支持单个条目的著录、查录和追加，支持在线批量著录。还能支持多种档案编号规则整理模式：自动（根据设定的整理规则由系统自动分配编号、自动生成档号、自动组卷，支持调件（卷）、同分类调件（卷）操作及手动整理模式（主要用于兼容历史档案数据，支持手动编号、设置组卷（盒）等管理操作，使系统得到最大限度的利用。这不仅使一些不易保存的信息留存了下来，而且为提高服务效率提供了可能，逐步实现对档案的信息化管理，使得各类档案处于统一的管理标准之下，能够充分借助先进的系统和庞大的数据库，来实现档案管理业务流程的集成和信息资源的共享，最终真正实现档案信息的传输网络化、管理自动化、利用数字化，促进企业档案信息化的不断发展。这种方式将对于有长期保存管理需求的各种形式的档案资料，借助硬磁盘编码阵列或电磁激光盘，全部自动保存到相应的系统中，并在档案管理数据库内进行档案同步有效存储，从而实现由传统文书档案处理切换到电脑全过程的信息一体化计算机档案管理。这种档案管理模式充分利用了高度发达的信息技术，高效便捷，是提高档案管理水平的必要措施。

（二）档案管理系统得到普遍应用

IBM（国际商业机器公司）公司开发的OA（办公自动化）信息管理系统。该系统一经面世便开始广泛使用，同时很多档案管理部门还建立广域网，打造档案管理一体化的专业平台。档案是重要资源，甚至可以直接关系国家和社会的发展，因此，选择一个适用的管理软件，不但能够使得档案管理更加高效便捷，同时还能将有限的档案资源进行充分开发和利用，使得档案效用能够得到真正的体现。档案管理软件是实现档案管理信息化不可或缺的媒介，选择合适的软件，能够在科学的模式之下进行档案管理，对于档案管理质量与效率的改善是至关重要的环节之一。立足于安全的角度，先进合格的档案管理软件，应该具备安全屏障能力，能够充分保障储存在其中的所有档案的高度安全性。

（三）档案信息化建设持续改进

随着一系列先进互联网信息技术的飞速进步与更新迭代，传统纸质档案已经慢慢退出人们的视野范围，而是逐渐向档案数字化方面过渡转变。其中，图片、声音以及影像等数字化信息技术应用发展势头猛烈，档案管理系统在档案归档、设计排版等方面都表现绝对的优越性。很多档案管理部门开展档案管理工作时也要求判断现有的档案管理水平尤其是软件水平是否支撑企业档案管理需要。

实现档案的信息化管理是对传统档案管理模式的重大突破，因此需要一个漫长的过渡过程，在这个过程中需要相关技术人员孜孜不倦地付出，最终才能真正使得档案变为数据财富。对此，需要高度重视，充分把握住档案信息开发的实际状况和特点，以科学的规划来推进和落实。

因此，要做好持续改善，需要从源头出发，首先建立可落地实操具有科学性的档案工作质量评价体系，由最高管理者牵头成立持续改善工作小组，并加入档案管理部门、业务部门、IT 等部门一起作为小组成员，制订年度检查计划，确定检查的对象、范围，组织检查工作，掌握档案管理工作的基本状况。其次，每年对档案管理系统运行情况进行定期复盘和检查，基于系统情况的评估工作结果，总结经验，针对问题提出整改要求，并督促落实。最后需要加强企业内部沟通，对员工提出的各项意见和建议都仔细记录和分析，寻找问题出现的原因并制定及时有效的改进措施。只有这样，才能不断推动档案系统升级更新，从而实现档案信息化。

（四）档案管理方法日益现代化

随着档案数字化和信息化进程的加快，其管理的方法日益呈现出现代化和便捷化特征。档案用户可以通过档案检索系统直接查找数字化档案信息资源，档案目录也可以通过计算机档案管理软件直接进行检索，不但缩短了档案查询所需时间，而且提高了档案查询的查全率和查准率；并且档案原文的数字化电子文件可挂接到计算机档案管理软件的对应目录下，可直接查看原文文件并输出、打印；互联网的普及给数字化档案馆提供了发展壮大的土壤。档案信息化的主要内容有过去的档案信息资源的数字化、档案信息系统开发和档案信息标准化建设等转换为数字档案馆建设和档案信息网站的建立，极大地提高了档案信息化水平。另外，档案信息化所用库房与档案实体可以通过各种信息化系统进行管理，实现温湿度自动调节、档案自动调档和归库等功能，革新档案管理工作的方法，提高档案管理工作的效率。

二、档案信息化存在的问题

（一）档案信息化存储不规范

第一，数字档案存储标准规范缺失，存储技术日新月异，新的格式标准和储存介质的新技术标准也迅速发展，存储器规范的统一和新标准的建立就显得困难重重，规则的制定相对落后于技术的发展。新科技的创新和发展，使得现在的技术标准越来越没有时效性。由于数字档案的储存载体的基本构造组成都比较复杂，如硬盘通常分为磁片、磁头、控制单元、电源等，不同组成部分的规格，技术参数也都不一样，所以很难建立统一的规范。因此理想的储存格式设计，必须具备格式设计开放性、不捆绑硬软件、格式设计可变换、易于应用等特性，能够实现不同档案馆之间的数字档案交流共享，可以转换成便于长期保存的格式。我国《电子文件归档与电子档案管理规范》（GB/T 1894—2016）具体规定了版式文件、电子文件和公文、数据库、照片、录音、录像等文件的归档格式，针对每种类型的文件，分别提供了两个以上的存储格式，方便了存储选择。这也是档案馆在数字档案存储中最常见的格式。但是多种选择的存储格式也导致了一些问题的出现，根据我国《电子文件归档与电子档案管理规范》的要求，同一类型的档案可以以不同的格式归档，但这会产生同种类型档案在不同数据库的匹配适用度问题，如版式文件中 PDF 和 PDF／A 的格式转化问题。在进行数字档案转移、数据库的合并和升级等工作时，格式的不匹配，会增加格式转化的工作量，同时也可能带来后台数据的混乱。

第二，数字档案存储介质单一。档案馆保存数字档案的介质大致包括光盘、磁带和磁盘，在这中间，光盘又占了 2／3。一般来讲，光盘、磁带和磁盘的正常使用年限依次是为 30~100 年、10~30 年、34~100 年。不过需要注意的是，在寿命内发生问题的概率也相当大，也就是说，实际使用年限可能会小于平均寿命[①]。其中的原因主要在以下三个方面：一是，实际保存的环境会影响使用年限。存储介质所受保存环境的干扰也相当大，如湿度、磁场、灰尘、日照等均会影响存储介质的性能和使用寿命。二是，本身的质量问题可能会出现小概率的不合格。此外，材料、品质和技术标准等从根本上决定存储媒介的寿命，如果本身质量不过关，存储介质的寿命就会很短。三是，在长期使用过程中可能会发生各种意外性的原因，如硬盘的摔碰、光盘的划痕、不明磁场的干扰等，而使用频率、使用方式等也对寿命有着非常关键的影响。按照目前的情况来看，我国数字档案的存储介质似乎是有很大的选择余地，但是在实际的应用过程中，光盘和磁带仍然是最重要的、使用频率最高的。因为资金不足，多数光盘的价格低廉，质量堪忧。数据库管理系统中常常把光盘阵列当作核心的存储器，并通过磁带实现对数字档案的数据信息自动备份。磁盘阵列和磁带都是磁性介质存储器的主要内容，这一类磁性介质对装置的依赖性程度较高，因此需要依赖特殊的装置才能读写。一旦设备出现故障、网络出现瘫痪或者病毒侵入干扰等，数字档案就无法被正常读取。

① 侯杰．数字档案存储介质及格式研究［J］．黑龙江科技信息，2016（22）：160.

（二）档案馆藏资源建设尚待完善

第一，档案馆藏资源结构不够合理，是现阶段综合档案馆馆藏资源建设的突出困难。档案馆馆藏结构可以反映出档案工作的水平和现状，也会影响档案利用是否有效。虽然很多档案管理经过了档案结构调整优化，但是当前的综合档案馆馆藏结构仍然不够合理。在各馆保存的各种档案类型中，纸质档案占据绝大部分，实物档案、声像档案、照片档案等其他载体形式的档案馆藏数量稀缺。而纸质档案的种类主要分为文书档案、科学技术档案和专业档案三大类，其中文书档案占据档案卷件总数的绝大部分，几乎达到了馆藏资源的 60% ~70%左右，其他类型档案数量相对较少。在档案具体内容性质上，实际利用率低的宏观管理类的政策性档案数量占多数；反映微观操作性、特色化的档案馆藏比例较低。从档案来源上看，馆藏档案主要接收自党政机关和企事业单位，对社会其他行业的接收覆盖面狭窄。

第二，档案馆藏资源质量良莠不齐，是档案馆藏资源实际开发利用过程的一大困境。档案资源质量包含档案资源价值和档案保存情况，其优劣程度是影响后续优质档案资源开发利用的关键因素。遗憾的是，虽然馆档案储量较为丰富，但是部分馆藏资源的相对质量并不高。一是现存的大多数档案信息资源受重藏轻用的思维影响，没有对数字化后的档案资源进行再规划。二是缺乏社会化馆藏资源的开发方式，档案资源开发依旧以“馆本位”思维为主导。

（三）档案信息化建设工作有待完善

根据中华人民共和国国家档案局下发的《全国档案信息化建设实施纲要》将档案信息化工作分为六个方面分别是档案信息化基础建设、档案信息资源建设、档案管理应用系统、档案信息标准化建设、档案信息人才建设和档案信息化安全保障体系建设。其中建设工作的不足主要体现以下两个方面。

第一，数字化档案信息资源开发相对不足。当前的档案馆信息资源数字化开发是粗放式、浅层次的开发，大部分综合档案馆还停留数字化扫描、加工等初级的档案资源开发层面上。现阶段主要强调数字档案信息的数量与规模增长，而相对忽视数字档案资源的质量优化与价值提升，专注于对传统馆藏档案的数字化，忽视对原生数字档案信息的收集，如网络归档信息，此外，数字档案信息资源在内容和形式上都较为单一，仍以传统的组织形式存在，相对缺乏更大范围内的有效整合与深层次的组织加工。

第二，信息化中多个环节的标准化规范不足档案信息化的标准化涵盖了诸多方面，目前突出问题的主要集中于档案网站功能设计和档案信息化管理软件上。档案网站的设置不一。档案信息化管理软件作为档案馆内信息化建设的基础工具和平台，直接用于日常档案管理，对外可接触信息化专门网络实现档案资源的共享。但是目前的档案信息化管理软件的实际应用存在一些问题，一是各馆的软件系统没有标准化，各馆均由自己招标购买独立设计，缺乏相互融合的端口。二是软件功能设计没有标准化，个别档案馆的管理软件投入使用时间较长已经无法满足当前的许多档案工作需要，需更新换代。

（四）对信息化认识相对不足

在档案信息化不断发展进步的过程中，虽然很多档案管理部门一直在不断完善更新档案管理系统及更新与系统相适应的管理文件，但此工作仅涉及档案管理部门及业务部门小部分相关人员，仍然还是有很多人对档案信息化管理的认知有一些误解。

与此同时，很多工作人员也并没有真正意识到档案信息化的重要性，对这项工作并没有给予真正的关心和落实。一方面很多人对于档案信息化有一定的认识，并且也引入相应的管理系统来对档案实行可行的整合。但是由于自身认识的有限，对利用信息化对档案实行建设认识过于片面和浅显，误以为引入一个信息管理系统就能实现档案信息化，认识相对过于片面。信息管理系统固然是实现档案信息化的一个必要工具是借助先进工具的同时还需要辅以同样先进的管理办法，二者相互结合，才能共同推进档案的信息化建设。另一方面，受信息化观念薄弱的限制，可用于档案信息化建设的资金相对较少，更愿意将极其有限的资金花在其他地方，就相对忽视了档案信息化建设。但这并不代表所有的档案管理都是纸质版，其也有一定的电子化，但是总体看来离档案信息化建设的目标还有一定的距离。综上所述，档案信息化的理念在建设档案整合制度期间较少被提及，这种观点在信息化的今天虽说比较少，但是却是依然存在的。

（五）档案管理相对比较缺乏信息化规划与指导

长久以来，档案管理工作都是围绕纸质档案开展，因此对于档案的利用率低，没有制订长期的建设计划，导致对档案信息的利用长期处于被动状态。档案事务管理经历了几十年的发展，就现在而言，尽管国家档案管理部门已开始逐步注重档案的管理，同时，也在这几十年之中发布了关于这一方面的很多规划意见等，但这些内容的发布只是产生了表象影响，并没有对本质产生一定的作用，没有使所有人真正认识到开展档案管理的重要性。同时，对档案信息化建设的指导工作的具体做法相对较少，致使相对缺乏缺乏对宏观规划和标准的指导。

（七）档案信息化制度不健全

很多档案管理部门有着较完善的档案管理工作机制，在档案信息化建设的发展过程中，现有的档案管理已经引进了大量的信息化方法，但尚未建立健全科学合理的信息化文件管理机制，多为传统档案管理模式的各项管理文件。在实际的档案管理过程中，任何先进的方法都只能起到辅助作用。在社会不断发展的过程中，需要管理的档案和信息数量会不断增多，此时就需要不断对档案管理方式进行规范和完善，才能满足发展的需求。如果各职能部门没有建立一套完善的信息化文件管理机制，将无法对日常档案信息化管理形成约束，将会在一定程度上阻碍档案信息化发展进程，形成“信息孤岛”。如声像档案的信息化进程缓慢，就会制约了其档案信息化的发展。对于这些关键资料一旦缺乏有效统一的管理，可能会导致这些关键信息分散，难以体现真正的价值对此，提升声像档案信息化管理工作对于是重中之重。声像档案也是档案的一种，因此对其进行的管理同样要按照档案管理的步骤进行。还是以声像档案的管理为例，档案管理人员在对这类档案进行管理时缺乏重视，使得声像档案的管理不统一，导致设计部门、项目管理部门和档案管理部门之间难以实现档案资料的共享，各部门在执行工作时难以统一步调，整个工作过程缺乏系统性的档案管理指导和分类。如果可以完善数字化文件管理规范及档案管理系统操作规范，与现有档案管理各项规定形成档案协同管理模式，将会极大解决这一问题。

在档案协同管理模式的建立中，首先需要对现行的档案管理流程进行全面整理，这是实现档案协同管理所必须要经历的一个基础过程。其次，电子档案属于文件的一种，并且是档案中相对特殊的一种，因此对于电子档案的管理不论从时间、分类等方面看都需要进行特殊的管理，相对于传统的纸质档案而言要求较高。最后，针对档案信息化的管理规范设计不能一味地只与现有档案管理系统功能相匹配，更要考虑档案管理人员对于规范的理解与现实操作。

简单来说，实现档案协同管理就需要将纸质档案转化为电子档案，这个过程中需要对电子化的档案进行科学的管控，最终的目的就是使发展档案信息化的过程中，不是一味地进行软硬件的升级更新，更要在管理流程规范上为其保驾护航，才能更好地推动档案信息化发展。

（七）档案鉴定工作存在一定的难度

档案鉴定工作一向是档案工作中难度非常大的一个环节，进入信息化时代后更是如此，当前综合档案馆在鉴定方面的困境主要集中于三个方面：一是档案信息化过程中的数字化范围鉴定困难，二是档案信息化开放范围鉴定困难，三是档案鉴定销毁工作停滞不前。国家档案局发布的《纸质档案数字化技术规范》（DA/T 31—2017）中规定数字化需满足一定要求，只有“属于归档范围且永久或长期保存的、社会利用价值高的档案可列入数字化加工范围”的纸质档案才需要进行数字化保存。但是这一条原则并未规定具体的操作规则，原则上由进行数字化工作的各档案馆自行鉴定。所有已有馆藏资源和新增馆藏资源都需进行鉴定，范围标准的划定困难较大，大多数档案管理部门在数字化范围的确定上基本能做到按照《纸质档案数字化技术规范》来实际执行，但是缺乏常规化、科学标准化的鉴定监督程序予以保障。档案开放的标准在《中华人民共和国档案法》规定所有非“涉及国家安全或者重大利益以及其他到期不宜开放的档案，可以多于二十五年向社会开放”一旦保存年限满25年就无条件对社会公众开放。但是受到国家保密范围的设定与解密制度的规定制约，在开放前仍然需要经过鉴定，鉴定工作依旧困难重重相对缺乏可操作标准。部分档案馆对于馆藏档案的开放范围划归仍然相对比较笼统，并未切实做到组织专项档案鉴定工作来对开放与否进行鉴定，只能以对档案用户的利用资质进行限定这一方式来应对。在我国已有的档案学理论中，认为档案销毁工作是档案工作环节的终点和必然，对于解放档案库房空间减少档案管理成本都是必要的环节。

目前，各综合档案馆的档案鉴定销毁工作尚处于初级阶段，各馆对于已满保存年限的纸质档案态度保守难以启动销毁程序。一方面档案销毁鉴定工程量浩大难度较高，财力物力人力难以筹备；另一方面受到长期以来的“重藏”思想影响，档案部门缺乏主动进行鉴定销毁工作的意识①。

（八）档案部门工作人员信息素养有待提高

首先，档案部门人员结构相对比较不合理，综合档案馆的常规档案工作人员主要由政府雇员和第三方机构雇员组成。对人员结构的不合理主要表现在专业结构和部门设置两方面。

一方面，馆员专业结构不合理，另一方面，部门设置不合理。各档案馆的馆内部门设置自由性较大缺乏定制，随着档案信息化的推进，在人员数量不变的前提下必将个人工作量剧增，不利于档案馆工作的完成。

其次，档案工作人员服务意识需提高受传统重藏轻用思想观念和主要党政关服务历史背景的影响，档案部门的工作具有一定的封闭性和保密性，综合档案馆虽然服务对象范围大为扩展，但是依旧将工作重点主要放在馆内的管理开发上。档案工作人员在进行档案利用服务的同时仍需完成日常的档案管理工作。各馆的档案服务专员多采用兼职制度或者轮换制度，均非长期专门从事档案利用服务工作，在实际工作中的服务态度无法与普通政府窗口的服务人员相媲美。另外，各馆在面向社会提供档案服务的过程中仍处于被动状态，缺乏积极主动的档案服务意识。

最后，相对比较缺乏档案复合型人才。信息化档案管理模式有别于传统档案管理，利用先进计算机和网络技术和集档案整理研究宣传利用于一体档案信息化管理系统进行档案资源的管理，所以档案管理的各环节工作均有所变化，这也对档案工作人员的素质提出了更高的要求。但是，当前的情况不容乐观，大部分档案馆中专门成立信息化部门，但是其负责人员和工作人员的专业技能背景难以满足长期性创新性档案开发的需要，当前各馆都非常缺乏能够熟悉网络维护、计算机操作、数据库知识的档案复合型人才。

① 姜风敏，傅露霞．档案鉴定销毁工作存在的问题与对策［J］．机电兵船档案，2011（1）：42-44.

（九）传统档案利用方式陈旧亟须创新

大多数民众当前的信息获取途径主要转向了网络方式，信息化时代的民众比起到馆查询利用，更加倾向网络化、移动化、休闲娱乐性高的档案利用方式；同时对于档案咨询、档案展览、档案讲座等服务方式也更为喜爱。但是，当前的实际情况是，各馆在面向社会公众提供档案利用服务时，还是以到馆利用为主，这依旧占据了档案利用方式的绝大多数。而档案信息资源的网络利用服务仍然是一个相对薄弱的环节。真正能够实现提供档案用户进行在线自主利用的部分还十分稀缺，档案部门提供网络利用的能力比较有限，在线档案资源量相对较少，在线服务方式相对单一。可以说，虽然信息化时代促进了多种档案利用方式的革新，但是在实际的档案工作中未能形成主流趋势，民众仍需依赖到馆利用方式。线下的档案利用服务虽然客观存在多种方式，但是档案咨询、档案展览和档案讲座等档案利用形式没有能够形成常态化，其利用频率和利用效果均难以满足广大档案用户的实际利用需求，档案利用方式缺乏形式创新和缺少以人为本的理念。

第三章 当代档案信息化设施建设

近年来，随着计算机技术和网络技术的迅猛发展，国内档案信息化建设发展迅速，提高了档案工作人员工作效率的同时，为档案利用人提供了一种虚拟、快速、便捷的档案服务，使广大人民群众在最短的时间获取最准确的档案信息，促进了档案事业的整体发展。档案信息化的发展离不开档案信息化的设施建设，档案信息化设施的建设中最基本的就是硬件设施建设和软件设施建设。本章则围绕硬件设施建设和软件设施建设等内容展开研究。

第一节 硬件设施建设

一、网络基础设施

档案信息化管理与建设的网络基础设施是针对档案信息化的特殊要求而建设的档案信息收集、管理、存储、利用和传输的技术平台，它将分布在不同地域、不同部门的档案信息资源连接起来，通过信息资源的互通互联、集成共享，充分提升档案信息化的整体效能①。

1. 服务器

服务器，承担档案信息化数据存储、管理和应用系统运行的任务，具有高速度、高可靠性、高性能、大容量存储等特点，为各用户端的访问提供各种共享服务。服务器是网络环境中的高性能计算机。所谓高性能，是指服务器的构成虽然与个人计算机相似，但是它在稳定性、安全性、运行速度等方面都高于个人计算机，因为服务器的CPU（中央处理器）、芯片组、内存、磁盘系统等硬件配置都

① 黄嘉忆．论企业档案信息化建设的机遇与挑战［J］．现代商贸工业，2009，21（15）：260-261.

优于 PC（个人计算机）。服务器接收网络上的其他计算机终端提交的服务请求，并提供相应的服务。为此，服务器必须具有承担和保障服务的能力。档案计算机网络系统建设可根据需要提供的功能、性能、数据量等配置一台或多台服务器。

第一，服务器功能的确定。服务器按照其提供的服务可以分为文件服务器、应用服务器、数据库服务器、Web 服务器等。由于档案管理系统的目录和全文数据量庞大，一般来说，应配置数据库服务器或文件服务器；如果涉及多媒体档案管理，为了提高系统性能，可以配置多媒体数据库服务器。此外，还可配置运行现代档案信息化管理与建设研究档案管理应用系统的应用服务器，不同级别或地域的档案部门可根据系统的规模各自配置或集中配置应用服务器。如需实现档案数据网上查询服务的，配置 Web 服务器；如需加强档案馆安全管理的，配置数据备份服务器；为了支持办公自动化系统中大量电子邮件发送的，也可配置专用的 E-mail 服务器等。

第二，服务器数量的确定，根据本单位投入资金的多少、信息化应用的功能需求、数据的存储和分布要求等来考虑服务器的数量。原则上 FTP（文件传输协议）服务器、E-mail 服务器、Web 服务器、内部业务服务器、数据服务器等都需要单独建设，但考虑到资金和安全等因素的限制，应至少建设一个支持办公管理的业务服务器、提供对外服务和内部公共服务及允许外网访问的公共服务器、支持档案管理工作运行并提供档案数据存储和管理服务的档案数据专用服务器。

第三，服务器性能的确定。不同架构、不同品牌、不同档次的服务器，其性能、质量、价格有很大的差别，选择服务器时要综合考虑档案业务的需求和资金条件，同时还要考虑选择能够提供良好服务的供应商。每个服务器的性能主要取决于 CPU、主板和服务器芯片组的性能，服务器系统的功能与可靠性取决于每台服务器的功能和服务器集群的部署与连接方式。

第四，操作系统的选择。每台服务器上安装的第一个软件就是操作系统。它是控制和管理计算机硬件与软件资源、支持计算机联网通信、提供多种应用服务的基础软件，也是各类应用程序加载、运行的软件支撑平台。操作系统按照应用领域可分为桌面操作系统、服务器操作系统和嵌入式操作系统。一台服务器能够安装和兼容哪一类操作系统一般在出厂时就已基本确定，用户在选购服务器时也会连同操作系统一起购买。操作系统的选择同时还需要考虑用户所选用的核心业务系统，如档案管理信息系统的应用程序运行模式、所需要的操作系统与数据库管理系统的支撑环境等。

第五，服务器连接与工作方式的确定，为确保网络数据的安全存储与高效访问，网络上的服务器通常采用集群工作方式实现互联，具有灾难备份系统的还可能在异地建立镜像服务器系统，服务器之间的通信与数据交换方式根据业务系统的需要而定，既可以是实时的，也可以是定时的。

2．终端设备

终端设备是经由通信设施向计算机输入程序、数据或接收计算机输出处理结果的设备。这里所说的终端设备主要是指用于各类用户访问服务器或进行档案信息处理工作的主机、外存储器、输入和输出设备等。其中，输入终端设备有鼠标、键盘、手写板、麦克风、摄像头、扫描仪等；输出终端设备有显示器、音箱、打印机、传真机等。其他类别的终端设备有无线、路由器、网卡、U 盘、移动硬盘等。目前，档案网络终端设备的主机大多为 PC 机，又称“终端机”。影响终端机处理能力与速度的是主板，CPU、内存、显卡等组成计算机的核心部件，它的选择要根据各业务人员的工作要求进行。

终端机从网络应用的角度又称为“客户端”常见的客户端分为两类，一类是胖客户端，是指主机配置较高档、数据处理能力较强的客户端。如一般工作中的 PC 机，它负责网络系统中大部分的业务逻辑处理，以减轻服务器的压力，降低对服务器性能的要求，因此对客户机的性能要求比较高；另一类是瘦客户端，是指数据处理能力比较弱的客户端，它基本上不处理业务逻辑，只专注于通过浏览器显示网络应用软件的用户界面，数据储存和逻辑处理基本上由服务器集中完成。网络终端机经历了从“胖”客户端到“瘦”客户端的发展历程。

目前，档案信息管理系统的网络终端大多为“胖”客户端，然而“瘦”客户端在档案信息化建设中的应用前景也不容忽视。“瘦”客户端配置的优越性：有利于档案数据的集中存储、高效管理和广泛共享利用；有利于对档案信息共享权限的集中控制和安全管理；有利于网络系统的维护、扩展和升级，通过客户端的即插即用可提高网络维护的便捷性和可靠性；有利于节约档案网络系统建设和维护的成本；有利于云计算技术在档案网络系统中的应用。此外，由于“瘦”客户端一般不配置软驱、光驱、硬盘等部件，从而杜绝病毒产生的来源，不易损坏，能显著提高系统的稳定性。

二、档案数字化建设

1. 纸质档案数字化

档案信息化建设的目的是充分利用档案信息为社会主义现代化事业服务，档案信息资源建设是档案信息化建设的重中之重。当前，各机构所保存的档案仍以纸质载体档案为主，纸质档案数字化是档案信息资源建设的重要工作并且是一项长期的工作。

（1）扫描仪

扫描仪是纸质档案数字化中必不可少输入设备，承担了采集纸质档案数字化图像的功能。扫描仪通过感光元件将纸质档案内容信息转换为数字信号，并以数据形式存储，实现纸质档案内容与纸质载体的分离。扫描仪的种类繁多，不同性能的扫描仪间价格差异悬殊，适用范围也各有不同，档案部门应结合实际情况，选择适合的扫描仪。

根据进纸方式的不同，可将扫描仪分为平板式扫描仪、馈纸式扫描仪和一体式扫描仪 3 类。

①平板式扫描仪

通常由遮光罩、原稿台与光学成像部分组成。

优点：平板式扫描仪的结构简单且便于维护，扫描作业时无耗材，价格较低；因遮光罩与原稿台间的间距可调，可直接扫描已装订成册的档案；对档案纸张的材质要求少，且扫描过程对档案纸张的影响较小。

缺点：体积较大，占用空间较多；由于采用了手工进纸与开合遮光罩的方式进行扫描，操作步骤烦琐，扫描耗时较长；单次只能扫描单面档案，扫描双面档案时的效率低。

适用范围：多单张或证件类居多的纸质档案；装订成册，不宜拆卷的档案；纸张较厚，不宜折叠的档案；纸张较脆弱，易损坏的档案。

②馈纸式扫描仪

又称“高速扫描仪”，通常由 ADF（自动进纸）模块与光学成像部分组成。

优点：馈纸式扫描仪带有 ADF 模块，能自动连续进行档案扫描，有效节省扫描操作时间；馈纸式扫描仪一般带有两部分感光元件，能同时对档案的正反面进行扫描，扫描效率高。

缺点：扫描作业中，ADF 滚轮会产生损耗，需定期更换；对纸质档案材质的适用性较差，连续扫描时，可能会出现卡纸现象，损坏纸质档案。

适用范围：规格一致，数量较多的档案；装订成册，适合拆卷扫描的档案。

③一体式扫描仪

包含平板式扫描仪与馈纸式扫描仪两种进纸功能。

优点：能在不打断扫描过程的情况下，实现馈纸式扫描与平板式扫描的切换，使扫描过程不因纸质档案材质改变而中断，提高扫描效率。

缺点：体积大，价格高，结构复杂，维护成本高。适用范围：含平板式与馈纸式扫描仪的两种适用范围，且经费充足的档案部门。除去上述三种纸质档案数字化中使用率较高的扫描仪种类外，扫描仪的种类还包括手持式扫描仪、工程图纸扫描仪、高拍仪等，档案部门可根据所需扫描纸质档案的材质、种类、数量及部门数字化经费等情况，选择适合的扫描仪。

选择扫描仪主要参考以下几个方面。感光元件是扫描仪实现模数转换核心部件，扫描仪通过感光元件将纸质档案有关色彩的光信号转换为电信号。扫描仪常用的感光元件有：CCD（电荷耦合器件）和 CIS（接触式传感器件）。CCD 的光学分辨率较高（600~1200dpi），景深较深（±3mm）可扫描立体实物，但因为结构较复杂，可能产生扫描色差，须通过软件校色；CIS 结构简单，体积较小，故障率低，但光学分辨率一般低于 600dpi，且景深较短（±0.3mm），对扫描纸质档案的平整度要求较高。综合来看，CCD 扫描仪扫描图像的品质较于同价位的 CIS 扫描仪图像要好，更适合在纸质档案数字化工作中使用。

目前各单位使用的档案数字化加工系统大多是采用扫描仪作为主要的设备进行数字信息采集。需要注意的是，在实际操作中，利用这种扫描技术进行档案数字化工作，要特别注意选择合适的扫描仪并合理地设置扫描仪的各项参数。与扫描图像质量有关的参数有很多，纸质档案的扫描中应根据实际需要进行设定。常见的扫描仪参数有以下几种。

扫描幅面。扫描幅面用于表示扫描仪可扫描的最大范围，由扫描仪内部感光元件的长度决定。扫描幅面越大，扫描仪可扫描纸质档案的尺寸大小也就越大。

平台式扫描仪较常见的扫描幅面有 A4 与 A3，价格相差较小；馈纸式扫描仪扫描幅面多为 A4，且 A3 幅面扫描仪的价格较高。在 A3 幅面档案数量不多的情况下，档案部门可选择 A3 幅面平板式扫描仪与 A4 幅面馈纸式扫描仪组合的方式对纸质档案进行扫描提高数字化产出的效率。

光学分辨率。分辨率是衡量扫描仪扫描精度的重要指标，代表了扫描仪在原稿每英寸长度上取样点的个数，单位为 dpi。光学分辨率指扫描仪的光学系统可以采集的实际信息量，由扫描仪感光元件的实际数目决定，是决定数字图像清晰度的重要参数。

扫描速度。扫描速度用来衡量扫描仪在一定参数设置下，对单张原稿完成模数转换的时间快慢。一般来说，扫描速度越快，扫描仪的价格越高。通常，平板式扫描仪的扫描速度是指平板式扫描仪在彩色（24bites）色彩模式、200dpi 分辨率下，完成一面 A4 幅面大小原稿扫描所用的时间，单位“秒／页”；馈纸式扫描仪的扫描速度，指馈纸式扫描仪在彩色（24bites）色彩模式下 200dpi 分辨率下，每分钟可扫描原稿（A4 幅面）的张数，单位“ppm”每分钟张数），使用双面扫描时单位取“imp”（每分钟面数）。馈纸式扫描仪扫描速度一般为 40～100imp 高于平台时扫描仪 10～20imp 的扫描速度。数字化过程中，扫描仪的扫描速度，直接影响到档案数字化工作的效率，因此在经费允许的情况下，应尽可能使用扫描速度较快的扫描仪。

色彩位数。色彩位数反映了扫描仪对扫描图像色彩的表现程度，扫描仪的色彩位数越高，扫描出图像的色彩越丰富，但图像的存储容量也会增大。纸质档案数字化时。不应使用过高的色彩位数，建议档案部门使用 24 位色彩位数的扫描仪。扫描仪接口类型。扫描仪通过接口与计算机互联传输扫描图像数据，使用较多的扫描仪接口类型有三种分别是 SCSI（小型计算机接口）、EPP（增强并行接口）和 USB（通用串行总线接口）。SCSI 接口数据传输速度快，且稳定，扫描时占用系统资源较少，但安装复杂，需要安装特定的接口卡；EPP 接口使用并行线连接，安装相对简单，价格低，但数据传输速度较慢；USB 接口数据传输速率快，安装简便，支持带电插拔，是目前主流的扫描仪接口方式，但扫描时会占用一定计算机系统资源。三种接口方式各有优缺点，建议档案部门在一般情况下，选用 USB 接口的扫描仪；大批量档案需数字化时，可选用 SCSI 接口的扫描仪，提高扫描效率。

（2）存储设备

档案的数字化离不开存储技术。数据存储是指数据以某种格式记录在计算机内部或外部存储介质上，其存储系统分别使用不同的存储介质和存储技术。目前，数据存储介质主要有磁存储介质、光存储介质和电存储介质三种。

第一，磁存储介质，磁存储技术是将声音、图像、数据等变成数字电信号，通过磁化磁介质来保存信息。磁存储介质主要有硬磁盘（又称“硬盘”）、磁带、磁盘阵列、磁带库等。

硬盘是由若干盘片重叠在一起放入密封盒内组成。盘片的结构类似软盘，盘片一般用合金或玻璃材料制作，磁性层则一般使用磁粉、金属膜等制成。硬盘的存储量大，数据传输速度快；硬盘盘片与驱动器装在密封容器内，不易受周围环境影响，工作稳定性好、可靠性高，由此常作为网络数据传输的在线存储介质。

磁带一般由聚酯薄膜带基和附着在带基上的磁性涂层，经过磁性定向、烘干、压光、切割等步骤制成。磁带存储容量大，数字磁带的最大容量已经达到 TB 级，在数据备份、档案文件存储等方面一直占据着重要地位；成本适宜，操作方便，只要通过一定的驱动器便能顺利地读取。但是，磁带是串行记录方式，存取速度较慢；工作方式为接触式，易使磁带磁头磨损。鉴于磁带的这些特点，它适合用在按顺序存取数据、存储量大而读写次数少的电子档案备份系统中，可作为硬磁盘数据长期备份的存储介质。

磁盘阵列（RAID）是应用磁盘数据跨盘处理技术，通过组合多个硬盘，把多个读写请求分散到多个硬盘中来突破单个磁盘的极限，并使其协同工作。在使用过程中，磁盘阵列可以取得比单个存储设备更快的速度、更好的稳定性、更大的存储能力、更高的容错能力。它还可以按照用户对于存储容量的需求进行阵列配置，从而达到海量存储的要求。磁盘阵列的存储容量大、安全性高。数据存储在由多个磁盘组成的磁盘组上，通过数据的冗余存储，可在一个或多个磁盘损坏失效时，防止数据丢失。此外，磁盘阵列通过并发读写，能够提高数据的存取速度，把多个硬盘驱动器连接在一起协同工作，大大提高了数据的读写功能。

磁带库是一种机柜式的将多台磁带机整合到一个封闭系统中的数据备份设备，是离线存储系统中的关键设备之一。它主要由磁带驱动器机械臂和磁带构成，可以实现磁带自动卸载和加载，在存储管理软件的控制下具有智能备份与恢复、监控统计等功能，能够满足高速度、高效率、高存储容量的要求，并具有强大的系统扩展功能。磁带库具有自动备份和恢复功能，可以实现数据的连续备份，也可以在驱动管理软件控制下实现智能恢复、实时监控和统计。其存储量大，存储容量达到PB级，备份能力也很强大，是集中式数据备份的主要设备。

第二，光存储介质，从磁存储到光存储是信息记录的飞跃，光存储是采用激光照射介质，利用激光与介质相互作用，使介质的性质发生变化而将信息存储下来。光存储介质上的信息需要利用定向光束（激光）在存储介质表面进行扫描，通过检测所经过点的激光反射量才能读出。光存储介质有光盘、光带、光卡、光盘塔、光盘库等，其中以光盘应用最为广泛。光盘是继磁性介质之后产生的又一种新型的数字信息记录介质。它具有存储密度高、信息容量大、稳定性好、可移动、成本低等特性，也是电子档案的重要存储介质。光盘通常分为CD、DVD和BD（蓝光光盘），各自特点如下。

CD采用红外激光器读取数据，存储容量较大，存储成本相对较低；在日常使用中易发生磨损，造成数据被错误读取和解析；在受力不均匀时易发生变形，造成数据无法读取。CD采用单层存储形式，容量一般为700MB。由于光盘技术的迅速发展，目前该类光盘已经趋于淘汰。

DVD与CD的外观极为相似，直径都是120mm，一般单层容量约为5G。DVD分为预录制和可录制光盘两种。只读类光盘（DVD−ROM）的数据只能由厂商用专用设备录制。可录类光盘又分为一次写入型（DVD−R、DVD+R）和可擦写型（DVD−RW、DVD+RW）两种。一次写入型光盘可用光盘刻录仪一次性刻录数据，但不能擦除。档案部门可利用这种光盘的特点，保存档案信息，防止归档电子文件被改写和篡改。可擦写型光盘录入的数据可擦除和重写，可反复使用。

目前主流的单层BD容量为25G，可刻录长达4小时的高清视频；双层BD容量为50G；多层BD容量有100G以上。随着蓝光刻录机和盘片价格越来越低，BD很有可能是继CD、DVD之后的档案数据又一主要存储介质。

第三，电存储介质，电存储介质是继磁存储和光存储之后的利用半导体技术做成的一种新型存储介质，它通过电子电路以二进制方式实现信息的存储。电存储介质主要有闪存盘和数据存储卡。

闪存盘是一种容量大、体积小、不需要驱动器、安全可靠的新型移动存储设备。闪存盘可用于存储任何格式的数据文件，在电脑间方便地交换数据。闪存盘采用闪存芯片存储介质和通用串行总线接口，具有存储容量大、轻巧精致、便于携带、使用方便、读写速度快、安全可靠等优点，有些还具有加密的功能，是重要的移动存储设备。但是，闪存盘的保存寿命较短，不能作为长期存储电子档案的介质，可以作为电子文件归档、复制、传递和利用的过渡性介质。

数据存储卡是一种卡片形状的计算机存储介质，其存储原理与闪存盘基本相同。它具有体积小巧、携带方便、使用简单、存储量大、兼容性好等优点，如今已经广泛应用于手机、数码相机、数码摄像机、笔记本电脑、MP3、MP4、电视机等电子数码产品，备受摄影、电脑爱好者的青睐。由于存储卡体积小，也可在档案数字化过程中作为交换数据的过渡性存储介质。

（3）存储体系构建

从纸质档案数字化时数字图像的存储格式、存储方式、存储模式三个方面对纸质档案数字化存储体系的构建做出以下论述。

第一，数字图像存储格式。数字图像存储格式及其发展。纸质档案数字化中，数字图像所使用的图像格式，需要根据数字图像的利用目的与当前软硬件技术的发展水平而定。各种图像格式在使用过程中，都有其自身的优势与适用环境。档案部门在进行纸质档案数字化时，常会受限于档案工作标准化的概念范围之内，受到相关章程的规范而使用如 JPEG、TIFF、PDF 等格式作为数字图像的保存格式。虽然在一定程度上保证了数字图像的可靠性，但忽视了新技术在数字化过程中可能带来的便利性，如 JPEG2000 作为 JPEG 格式的升级版图像格式，具有高压缩率的特点，压缩率比 JPEG 高出 30%左右，并同时支持有损和无损压缩。且 JPEG2000 格式下的数字图像能够实现渐进传输，即先传输图像轮廓，然后逐步传输数据，易于档案数字资源的网络传输与利用，如杭州市档案馆试点研究的 DjVu 格式，采用分层存储技术，具有 1000 ：1 的高压缩比，可将一张 25MB 大小的数字图像压缩至 30 到 80KB 的大小，又能保证数字图像的真实性，有较高的使用价值。图像格式的选择受限于多种因素，不同的数字化环境中做出的选择应具有差异性。一方面，档案工作的规范性要求图像存储格式朝着统一规范的方向发展，另一方面，数字化环境的快速更迭与计算机技术水平的不断提升又显现着数字图像存储格式的多元化发展趋势，档案部门在选择数字图像存储格式时应对这两方面做出权衡。

第二，数字图像存储方式。数字图像需要借助一定的存储方式，实现长期保存的目的。数字图像的存储方式可分为单级存储方式与多级存储方式两类。

单级存储方式：将所有图像数据都存储在数据服务器的本地磁盘上。这种方式的好处是对图像数据访问速度快。缺点是存储的数据有限，当存储数据量超过存储设备的存储容量时，需通过增加本地磁盘阵列的容量来解决，设备购置费用较高。单级存储方式适合于数字图像多用于部门内部传阅，且图像数据量较固定的档案部门。多级存储方式：根据数字图像的重要性、访问频次等指标，采取不同级别存储方式分别将图像数据存储在不同性能的存储介质上，实质是从在线系统迁移数据的一种方法。一方面，多级存储方式，可以减少非重要性数据在本地磁盘所占用的空间，提高存储器读取速度；另一方面，分级存储对于档案这类长期保存的数据而言，还有相互补充、相互备份的作用，一份图像数据可以以多种介质形式存在，做到数据有效备份，保证数据的安全，是较为常见的图像存储方式。

第三，数字图像存储模式。纸质档案数字化数字图像在存储时，须与原档案的目录信息建立链接，才能实现对数字图像的有效管理与检索利用。档案目录信息以目录数据库的形式保存于档案业务部门的服务器中。为了实现档案目录信息网上检索与利用，档案的目录数据库通常采用支撑网络化系统运行的数据库，如SQL Server 2000、Informix等关系型数据库管理系统。数字图像存储时，按照数字图像与档案目录数据库的关联方式划分，数字图像存储模式大致可分为以下三种。

一是文件存储模式。采取档案数字图像与目录数据分库存储的方式，将纸质档案的目录信息保存于目录数据库中，同时，数字图像以文件形式按照命名规范与存储规则存储于计算机指定目录下或文件系统中，通过档案目录数据字段中保存的数字图像的存储路径，实现档案目录信息对相关数字图像的链接与调用，文件存储模式减小了档案目录数据库的数据量，提高了档案目录信息的检索效率，便于与档案目录数据库的标准化管理，保证了档案目录数据库的可靠性；由于采用了数字图像与目录数据分开的存储方式，给档案数据维护增加了困难。备份过程较复杂，给档案数据保存造成一定的安全隐患。

二是数据库存储模式。数字图像与目录数据一同存储在档案数据库中。这种存储方式实现了档案目录信息与数字图像的一体化存储。通过PHP程序将数字图像转化为二进制数据形式，再通过insert into语句插入数据表中的BLOB类型字段中。在调阅档案数字图像时，由档案数据库直接发送图像内容。由于数字图像与档案目录数据以二进制形式存储在同一数据库中，档案数据备份时，可以将两者一起备份，利于档案数据环境迁移，易于保证了档案数据的完整性，但图像数据相对目录数据而言数据量较大，服务器在调用图像数据时会占用较多的处理与带宽资源，使数据库的运行效率下降，不利于数据的网上利用，也会导致档案目录信息的查询速度下降。此外，这类存储模式下对支持数据库运行硬件的存储容量与性能配置的要求较高。

三是全文与文件一体存储模式。在数字图像以文件存储模式存储的同时，对数字图像进行文字识别，得到相应的文本文件，通过程序调用语句关联文本文件与数字图像。文本数据以不定长字符型字段嵌入相应档案目录数据中，利用档案管理系统实现对文本数据的标引和检索。档案信息在检索时，可先对以文本格式存储的档案全文库进行全文检索，查找到所需内容后再调阅该文本内容所对应的数字图像进行查阅。这种存储模式的另一个优点是可以对数字图像进行自动、半自动标引，从而减少著录标引工作的工作量，缺点是系统构建复杂，需编写专用软件，设备的购置费用较高。使用何种存储模式实现数字图像的存储，应建立在对档案部门实际情况的分析之上，可以从数字图像的种类与数量多少、数字图像的利用形式与利用频率、档案部门自身的技术与经济能力等一方面考虑。

2. 录音档案数字化

录音磁带会受到时间及使用次数变化，以及温湿度的影响而难以长期保存而且不变利用。将录音带通过多媒体数字技术，转录成数字音频文件来利用，在提高利用效率的同时可以减少对磁带的依赖。

（1）录音档案数字化设备

要对录音档案进行数字化，必不可少地会用到一些软硬件设备。其中硬件设备主要包括放音机、存储设备及计算机等。放音机的选用要针对录音档案的原载体型号来确定。当前录音档案数字化存储可选用的存储设备有很多，如DVD−R、

DVD-RAM、移动硬盘等。针对计算机，在录音档案数字化时应选择声卡质量高，硬盘存储容量大的计算机。当前，可用于录音档案数字化的软件也有很多。它们大都具有非常友好的界面，操作非常简单，可以将电脑内部或麦克风、线路输入、各放音设备播放的声音进行录制，并提供 WAV、MP3、WMA 等数码音频格式供用户选择。在实际操作时这类软件可根据自己的熟悉程度等来自主选择。

（2）录音档案数字化步骤

录音档案的数字化步骤如下：第一，前期准备。和纸质档案数字化一样，录音档案数字化也要做一些前期准备工作。如录音档案的借调，检查。录音档案的前期检查主要是检查是否有破损，标签是否清晰、有无脱落或损毁等现象。此外，还要填写标引著录，将所需信息录入数据库以便后期数据挂接。第二，确定参数。当前的录音软件可以提供多种技术参数供用户来自主设定，通过这些参数可以确定声道、音频分辨率等，有的软件还可以做到杂音抽取。现实操作中我们可以根据实际需要来选择这些参数。此外，还要设定录音的质量、时长、输出格式，输出地址以及文件名等。第三，数字化转录。在数字化转录时，将放音机通过连接线与预装了录音软件的电脑相连，通过放音机播放磁带进行转录。转录就是通过一个过程把模拟的声音信号转化为数字形式的信号。第四，挂接并备份。在转录结束后，生成数字音频文件同样需要挂接到数据库中。生成的数字音频文件的备份存储与纸质档案数字化备份存储一样，可以选择 DVD-R，或移动硬盘存储。第五，编写文件说明。对刻录的光盘档案或移动硬盘档案要进行著录，并按要求编写文件说明。

3. 录像档案数字化

同录音磁带一样，存储录像档案的录像磁带也会受到时间及使用次数变化，以及温湿度的影响，录像档案数字化同样十分必要。同时录像档案数字化是档案信息资源建设的重要组成部分。

（1）录像档案数字化设备

录像档案数字化所涉及的硬件主要有放像设备、计算机、存储设备等。同录音档案数字化一样，录像档案数字化采用什么样的放像设备要取决于录像档案的录像带规格与型号。用于录像档案数字化的计算机必须有较高的配置，要求能满足声像采集的功能。声像采集是指将原录像带中保存的模拟信号转换成数字信号并采集到计算机的一个过程，它保证视频质量的关键环节。所以，视频采集卡的选择非常重要。视频编辑机就是用于编辑视频的计算机，实际操作中应根据需要选择合适配置的计算机。录像档案数字化存储设备同样可以选择DVD−R，或移动硬盘。录像档案数字化的软件一般包括视频采集软件和编辑软件两类，可以根据自己需要选择。

（2）录像档案数字化步骤

录像档案数字化步骤如下：第一，前期准备。与纸质档案数字化及录音档案数字化前期准备工作一样，录像档案数字化进行前要借调档案并检查。为便于快速检索，还需录入著录项。第二，数据采集。将放像设备通过连接线与计算机连接，运行视频采集软件并根据要求进行相关参数的设置、运行放像设备开始放像。采集过程中可在视频监视窗口看到录像信息，运行完毕后软件会按照设定的存储路径、文件名与格式进行存储，最终形成数字化的档案。第四，挂接并备份。将形成的数字化的录像档案按要求挂接到数据中。同时，选择合适的存储设备将数字化录像档案进行备份存储。第五，编写文件说明。对刻录的光盘档案或移动硬盘档案要进行著录，并按要求编写文件说明。

第二节　软件环境建设

一、软件建设的内容

（一）电子文件归档管理系统

单位办公自动化系统的组成部分，应按照《电子文件归档与电子档案管理规范》（GB/T　18894−2016）和有关电子文件归档管理的规定设计开发，逐步实现电子文件实时归档、网上移交，主要包括归档鉴定、整理编目、数据加工、数据报送等功能。归档管理过程中应保证电子文件元数据和背景信息的完整性。

（二）数字档案室管理系统

应建立以数字档案信息收集、管理和利用为核心，涵盖整个档案室业务工作的管理系统。主要应包括电子档案接收、档案资料著录、整理加工、检索利用、档案编研、档案鉴定、数据统计、库房管理等功能。

（三）档案进馆和报送管理系统

按照网络环境下馆室一体化业务建设的模式，按照国家规定的档案数据及其目录数据格式要求，整理应进馆的档案、资料及现行文件，形成报送数据，通过网络或载体移交等方式向同级国家综合档案馆移交报送。

（四）档案查询利用系统

以电子档案管理系统的数据为资源，在浏览器或服务器模式下，实现严格权限管理基础上的电子档案网上发布、高级检索和原文浏览。可以使档案利用者无须到档案部门现场办理手续，即可通过网络在自己的权限范围内，查询利用自己所需要的档案资料。

二、软件环境建设的内容

（一）OA 系统

OA 系统即是我们所说的办公自动化。中国的 OA 系统最开始的时候只是应用到政府的公文和档案管理。为了方便文件的处理和归档，当时推出 OA 系统，主要以公文处理、档案管理为系统的核心功能。随着企业的接介入，OA 也有了一定的发展，系统中增加了很多企业的特性，包括文件的起草、查阅、会签、签发等业务流程，因为环节较多，业务流程较复杂，导致工作效率相对降低，所以引起的效果并不是很理想。OA 系统的发展史经历了 5 个主要阶段：①第一代 OA，在 20 世纪 80 年代至 20 世纪 90 年代初，人们只是利用其进行单机的办公，实现的是个体自动化，操作也大部分局限于通过软件对文字进行单纯的处理；②第二代 OA，在 20 世纪 90 年代，主要是进行了文件的共享以及信息的共享；③第三代 OA，在 21 世纪初，主要是在进行文件的群发基础上，可以进行协同工作的办公自动化；④第四代 OA，主要是在第三代 OA 作为信息化入口的基础上，与互联网网站进行集成，数据可以进行集中的展现；⑤第五代 OA，随着移动网络的飞速发展，OA 的应用也进入移动端，从而使办公人员随时随地都能通过 OA 软件进行高效办公，并且同时还能进行 GPS 定位和日常考勤，这些均是将 OA 系统应用于实践的应用亮点。相信在不久的将来，OA 一定能够发展更多创新点，为办公人员提供更好的服务。

档案管理主要包括员工档案、设备档案、科技档案等。这些档案记录了日常工作活动的方方面面，对后续进行查证具有重要价值。OA 系统通过把这些资料数据化，并上传到数据库进行有效管理，极大地提升了综合管理效率。因此，OA 平台是档案信息化工作中不能忽视的一个重要部分。

首先，OA 办公系统把计算机网络技术和数据库技术应用到实践中，工作人员能够通过一些基本的操作高效率地完成工作。同时，OA 系统本身也是一个有效的自动化管理平台，它能够使工作更加标准化和流程化，辅助网络传输和异地办公，有效突破了办公时间、地域的限制，极大地提高了档案管理的现代化水平。

其次，档案管理工作具有复杂烦琐的特征。OA 系统集中多个功能以满足使用需求。它不仅在工作效率上对档案管理工作具有极大的提升，而且改变了传统的管理方式，如更加透明、流程化、服务标准化。此外，由于系统的流程规范与监督作用，在具体制度的实施环节也更加容易落实。

最后，基于 OA 档案管理系统的应用，能够渗透到日常管理工作的各个环节，使当前的工作能够有序进行。不仅提升工作效率、节约时间成本，而且能够促使制度透明化、工作和服务更加规范化。在工作协同方面，OA 系统极大的便利了办公场地的限制，实现了信息“共建共享”①。

（二）B/S 技术结构

B/S 结构是 Browser/Server 的缩写，即浏览器（Browser）/ 服务器（Server）模式。B/S 结构来源于对 C/S 结构的改进，但 B/S 结构与 C/S 结构又有着本质的区别。C/S 是 Client/Server 的缩写，其服务器一般使用高性能的工作站、PC 以及小型机。同时使用大型的数据库系统，如 Sybase、Oracle、SQL Server 以及 Informix 等。因此，C/S 结构的客户端需要安装专用的客户端软件。由于 C/S 系统结构需要频繁进行客户端升级等问题，人们在其基础上开发出了一种更加便捷高效的应用系统结构，即 B/S）结构。B/S 结构的兴起伴

① 甘扬建 .OA 系统在医院档案管理中的应用 [J]. 人力资源管理，2015（10）：218-219.

随着互联网的普及，也是对C/S结构的有效改进。从本质上来看，B/S结构也是一种特殊的C/S结构。它可以被看作是一种由最初的二层结构Client/Server衍生开发的三层C/S结构，并在Web上得到应用。C/S系统结构也是基于Web浏览器脚本开发的网络结构模式，在这种模式下实现了客户端的统一（因为Web浏览器也是应用最多最广的软件之一）。客户的终端机上只需要装载一个浏览器即可完成操作。如浏览器使用Internet Explorer，服务器安装Sybase、Oracle、SQL Server以及Informix数据库。在B/S结构下，客户端完全能够利用Web浏览器实现全部的操作。它的最大优势是工作事务型的逻辑在前端得到实现，而数据处理型事务逻辑在后台服务器端实现，浏览器通过Web与底层数据库进行信息的交互，这极大地方便了系统的使用。在系统开发中，C/S结构中的Client往往可以由B/S结构中的Browser以及其载体来承担。C/S结构的Web应用与B/S结构具有紧密联系。在大的、复杂的系统中，Client/Server结构与B/S结构的嵌套也十分普遍。在把之前的Client/Server结构转化为B/S结构后，其工作负荷被平衡分配给服务器，能够极大降低客户机的压力。由于基于B/S结构的系统不再需要专门的软件作为客户端，只需要安装Web浏览器即可。因此，它极大地减轻了技术维护人员的工作，如繁重的软件安装、软件升级等。这也促使技术维护人员把主要时间和精力放在服务器程序的开发工作上，间接地提高了系统效率。使用B/S数据结构主要有以下特征。

第一，系统维护和升级简单方便。随着互联网时代信息更新换代加速，系统软件的改进和升级越来越频繁，基于B/S结构的产品明显能够更加有效的应对这一特征。例如，一个大型的企事业单位，如果采用C/S或其他软件端的话，系统的管理人员需要服务于成百上千个系统终端。其间浪费的人力、财力以及系统终端开发费用可想而知。如果采用B/S结构，则相关的管理人员只需要维护服务器即可。客户直接通过浏览器进行操作，不需要做任何的客户端系统维护，极大地降低了工作量。尤其在分支机构众多的金融机构、集团公司这些单位，无论用户规模多大，机构多复杂，都不会增加C/S结构系统界面维护的工作量。因为，所有操作都在服务器上进行。即使是异地，客户也只需要连接服务器即可实现远程的系统维护、升级和资源共享。因此，基于B/S系统结构的一个显著特征是系统越来越“瘦”，而管理员把工作重心放在服务器维护上。同时，用户使用时会越来越简单，这也是信息化发展的一个主流趋势。

第二，降低系统开发成本。众所周知的Windows系统在PC上拥有一统天下的局面，浏览器成为其默认的配置。但在服务器相关的操作系统方面，Windows并非拥有绝对的话语权。在B/S数据结构中，Linux系统可以顺畅地运行相关应用管理软件，而且代码开源、免费、安全性更高。因此，B/S系统结构中，可以选择的服务器系统很多，同时通过浏览器操作，并不影响客户端PC浏览器的使用。这极大地降低了软件成本，因为Linux是免费的，连接数据库也是免费的，这样的系统选择已经成为一个主流趋势。例如，很多人每天都访问人民网。而用户端访问该网站只需安装浏览器即可，并不需要安装客户端。同时人民网服务器端也不必使用Windows操作系统，服务器端使用免费的Linux系统也不会影响到Windows用户的访问操作。

（三）J2EE管理系统

J2EE是由Sun公司（已被ORACLE公司合并）开发的基于标准平台框架，主要用于管理多层结构的、针对Web服务的企业级应用框架。J2EE有清晰的分层结构，为系统的开发与维护提供非常有利的条件。J2EE主要分为客户层、表示层、业务层、持久层、数据库。各层负责不同的业务。客户端浏览器主要是与用户交互的Web页面。在档案管理系统中，客户端层嵌入Ajax引擎。使用Ajax后，可以通过Java Script脚本访问Web服务中的许多资源，可以像访问本地资源一样去访问网络资源。表示层主要是负责客户端层与业务层之间的连接，表示层将客户端发送和请求的信息交给业务层，同时将业务层反馈的信息发送给客户端。表示层主要通过Web Work框架来实现对业务层中Action的调度。业务层主要是负责系统业务流程的功能实现。在业务层中，系统的各个功能模块的实现相对独立。每个Action都对应一个独立的功能模块，业务层是系统的核心模块，业务层中需要修改的内容不会影响表示层与客户端层等，方便系统的维护。持久层是数据库层，主要负责数据库与业务层的连接。业务层通过持久层来获取数据库中的数据，数据库通过持久层来实现业务层与数据库之间的数据交换。持久层主要通过Hibernate与JDBC相结合实现，并通过XML映射文件实现业务层与Action之间的映射。档案管理系统的开发主要采用J2EE框架中成熟的STRUTS框架。STRUTS框架各层之间紧密连接、相对独立、便于维护与开发。

档案管理系统以J2EE框架为基础，系统采用三层架构。主要有表示层、业务逻辑层、数据层。各层之间相对独立。

1．表示层

表示层是用户可以直接接触的层次。是系统与用户之间连接的桥梁。系统以Web．浏览器作为桥梁的工具。用户可以通过Web浏览器来访问Web应用程序。表示层一般不涉及用户的业务功能。用户将请求通过Web浏览器提交给系统后，系统自动与业务应用层连接，实现表示层与业务应用层之间的数据交换，相对独立，维护便利。

2．业务逻辑层

业务逻辑层是系统具体功能模块的实现，是系统的核心层次。档案管理、信息统计、业务管理等的具体业务功能实现，都由业务逻辑层实现。比如档案信息的添删改查、业务信息的统计等，它们的代码实现模块都由业务逻辑层实现。在实现过程中需要与数据库进行数据的交换。将业务应用层与业务逻辑层分离，提高了系统的执行效率与系统的维护效率。开发者在发现问题后，首先去寻找业务应用层的问题，在业务应用层中找到根源后，在对应的业务逻辑层中寻找问题的主要原因，并在业务逻辑层中改正。业务逻辑层还承担着与持久层进行数据的交换。业务逻辑层通过持久层获取数据之后，需要进行数据的处理，然后将处理后的数据交给业务应用层，同时需要将处理后的数据交由持久层，将数据库中的数据保存或更新。

3．数据层

实现对各种数据库的访问，封装了访问数据库的底层操作功能，向上层调用者提供友好的操作接口，为上层提供数据存取服务，即对数据进行CRUD（增、删、改、查）等基本操作，并将操作的结果返回给业务逻辑层。

（四）PHP编程语言

关于档案管理信息系统程序开发的理论有多种体系。档案管理信息系统的开发采用当前最流行的PHP和MySQL组合。PHP与MySQL也是公认的开发交互网站的最好组合之一。PHP与MySQL都是使用的免费的开源代码，开发人员能够方便地从网上下载，也不会有侵犯知识产权的风险。同时，该组合下，程序开发的成本较低，也能够及时的更新到最新版本。作为一种 HTML 内嵌式程序开发语言，PHP 和 ASP 十分相似。它们的程序都需要在服务端嵌入执行，其语法风格类似 C 语言，在网页编程领域得到了广泛的推广和应用。PHP 在语法上混合了 Java、C 语言以及 Perl 语言的一些特征。与 CGI、Perl 等语言相比，它能够更快地执行网页程序。与其他编程语言（如 CGI）相比，基于 PHP 的动态网页页面把程序嵌入 HTML 的语法中去执行，其运行效率得到了极大的提升。Java Script 与 PHP 在嵌入 HTML 这一点很相似，但 PHP 主要在服务器上执行算法，能够更好地利用服务器。PHP 编译十分高效，其在访问后会将程序遗留在内存中，当再次访问该程序时，则不需要重新进行编译，仅需要开发者直接运行内存中的相关代码即可。同时，PHP 功能强大，几乎能实现所有 Java Script 以及 CGI 的功能，还能够支持几乎所有的主流数据库和操作系统。在语法上，PHP 吸收众多语言如 Perl、C 语言以及 Java 的一些特征。这些语言都是比较常见的，有利于新入的 web 开发者快速的学习和应用。PHP 语言混合了众多语法特征，它能够比 CGI 以及 Perl 更快地运行动态网页程序。基于 PHP 编写的网页与其他语言编写的动态网页相比，执行效率要高得多。同时 PHP 还能够运行编译后代码，可以实现加密和优化，使代码的运行速度更快。

综上所述，PHP 是公认的世界范围内运用最广的 Web 开发语言之一，当前已经被全球超过二千万家网站应用。相关发展史 PHP 是由 Personal Home Page 缩写而来，由拉斯马斯 · 勒德尔夫（Rasmus Lerdorf）在 1994 年开发。PHP 的发展有一段有趣的历史。一开始，拉斯马斯 · 勒德尔夫（Rasmus Lerdorf）希望能够便捷地维护其个人主页，于是编写了一套简单的程序。这一段程序是基于 Perl 语言而来，主要应用于显示其个人简历和统计网站的流量。之后，他用 C 语言对这段程序进行了重新编辑，增加了一些功能。后来他把前面的这些程序都整合起来，于是形成初始的 PHP。这个初始的 PHP 版本被称为“F1 版本”，它可以连接数据库和生成简单的网页程序。此后，该程序被越来越多的网站应用到网页建设中，逐渐流行起来。一些新成员参与到该程序开发后，1995 年 6 月 8 日，拉斯马斯 · 勒德尔夫（Rasmus Lerdorf）公开发布了 PHP 的第二个版本，希望能够通过公开发布寻找语法问题并加速相关程序的开发。如类似 Perl 的命名格式、表单的处理模块，以及能够嵌入 HTML 中执行操作指令的功能。PHP 的 F2

版本在语法上也与Perl相似，尽管有一些限制条件，但编辑更加简单、也更具有灵活性。由于PHP语言添加了对MySQL数据库的支持，由此奠定了其在Web开发史上的鼻祖地位。在1996年底，已经有大于1万个网站使用PHP语言进行开发。PHP为开发语言环境，主要有以下特点。

第一，PHP是免费的。一些小型项目并不适合巨资投入，可以优先选择免费的开源平台。PHP正好符合一些通用型的系统开发。因此不需要采用付费的如ASP以及JSP等平台，采用免费的PHP即可。

第二，较强的支持性。当前国内的主流网站都采用了PHP平台进行网页开发。因此，在采用PHP遇到问题时可以很好地得到国内同行的解决方案支持与协助。由于具有一定的通用性，维护起来也比较简单。

第三，较好的移植性。当前绝大多数的服务器和主机都支持PHP语言。同时PHP几乎能够兼容任何操作系统和服务器终端。在我们使用PHP平台开发时可以方便地更换硬件，而不用担心兼容性问题。

第四，开发语言简单。PHP的语言与C语言比较相似，对于任何IT从业人员只需要一个简单的学习过程即可掌握。这也是当前PHP越来越流行并成为主流_网页开发语言的一个重要原因。

第五，发展迅速。因为PHP是一款免费的开源产品，同时它可以实现对各种主流系统和服务器的支持，是一款免费但功能强大的产品。因此，自PHP诞生以来得到了迅速发展，并很快在全球范围内产生深远影响。

综上所述，PHP网页编程语言适用于Web开发，是一种嵌入式HTML脚本语言。其语法结构结合了Java以及C语言的一些特征，其主要优势在于能够迅速地执行动态网页，同时学习起来也相对容易。当前PHP语言使用广泛，它将程序嵌入HTML脚本，还能够运行编译后代码并优化代码的运行。因此，采用PHP网页编程语言具有免费、高效率、平台优势、操作简单等优点，是当前医院档案管理信息系统的最佳选择之一。

（五）网站的建设

传统的档案服务是基于实体化载体的面对面的服务，查档者通过现场查阅、档案复印件、参观展览等方式获取档案信息。服务中档案信息依靠实体记载和传递，原始记录性强有一定的法律作用，是如今仍普遍采用的档案服务方式。但随着互联网普及和信息产业的发展，人们开始习惯利用网络获取信息，档案在线服务的快捷、方便的优势逐渐显现，受到越来越多的重视。档案在线服务的前提是档案馆馆藏档案的数字化。档案数字化主要是利用扫描仪、数码照相机、数码摄像机、非线性编辑系统、缩微胶片扫描仪等数字化设备，借助信息系统技术、数字化技术、数据库技术、压缩存储和转换等技术将传统载体档案上的信息转变为数字化档案信息。相较传统的档案服务，档案在线服务依托档案信息化成果，实现了档案利用形式的创新，具有很多优点，主要表现为。

第一，面对浩瀚如海的档案，在线服务在一定程度上摆脱了传统档案利用中繁重的查档环节，实现查询档案、调取档案的方便、快速、准确，在一定程度上减轻档案工作人员的工作负担。

第二，档案在线服务即时高效，用户不用到档案馆，仅需通过互联网登录档案馆的门户网站，通过在线检索便可连接到数据库，检索出所需信息后可以选择在线阅览和下载服务，简单方便地达到了查询和利用档案的目的，大大减少了用户查档成本。

第三，档案在线服务扩大了服务范围，提高了档案利用率。通过网络，同一时间不同地点的用户可以通过网络同时获取信息，实现了档案信息共享的最大化。

第四，档案在线利用服务实现了珍贵档案有效保护与广泛利用的双赢。珍贵档案所记录的信息以数字图片或文档的形式展现在大众面前，扩大了档案信息的利用范围，有利于档案的传播和档案价值的发挥，也减少了频繁调取原始档案给档案带来的不可挽回的损伤。

第五，档案在线服务可以丰富服务内容和方式。档案在线服务不仅可以提供档案文本、图片等形式，还可以提供体验效果更佳的音频、视频和3D展示等丰富的多媒体服务。此外，信息时代新形成的档案形式本就多种多样，在线服务的产生解决了利用数字档案的问题。总之，档案在线服务使档案利用变得方便快捷，公众可以通过网络、多媒体满足自己对档案信息的个性多样的需求，档案利用的主体范围变大，利用诉求也变得多样了，从而达到了档案走向大众的目的。

（六）MySQL 数据库

MySQL 数据库是瑞典 MySQL AB 公司打造的一款数据库管理系统。它也是在 Web 应用领域最流行的一种关系型数据管理系统。同时，MySQL 也是一个数据库服务器，它采用多线程编程，能够运行在不同操作系统之中，具有快速、多用户、多线程等特征。尽管 MySQL 与一些大型的数据库相比也有一些不足，但它一直是当前最受欢迎的数据管理系统之一。因为对于专业性要求不高的用户而言，MySQL 的功能模块完全能够满足需求。同时 MySQL 是一款免费的开源软件，可以有效降低中小企业以及个人用户的开发成本。由于 MySQL 数据库管理系统的强大功能，其可以有效支撑数万条记录的数据库，且具有极强的数据查询功能。由于使用便捷、维护成本低等优点，通常情况下，中小型网站都倾向于选择 MySQL 数据库管理系统。MySQL 将关联数据储存在不同模块中，如此，提高了数据的调用速度。由于其良好的数据处理性能，在 PHP 语言的配合下，可为档案管理信息系统提供很好的开发环境。同时，采用 MySQL 数据库管理系统能够很好地支持大型数据库，可以很方便的支持查看超过千万条记录的数据并有极强的查询功能，这正好能够解决档案管理中数据复杂、数据类型多样的难题。

（七）OCR 技术

现实中，纸质档案经扫描后所产生的电子档案实际上只是以图像形式存在的文件，而不是文本文件。图像形式的文件在生活中不利于利用，若要将其转化为文本形态档案信息，使纸质档案数字化工作更加有效彻底，就要应用 OCR 技术。OCR 技术简介。OCR，即“光学字符识别”是一种文字自动输入的方法。OCR 技术包括图像扫描、预处理、版面的分析和理解、行切和字切分、基于单字图像的特征提取、特征的模式分类、将被分类的模式赋予识别结果、识别后处理等关键技术。作为一种文字输入方式，OCR 以其方便快捷又省力的特点，使得其在文字处理数据量非常大的当今社会备受文字工作者的欢迎。简单来说，OCR 技术就是一种信息转换技术，通过 OCR 技术能够实现传统文献上的文字信息向数字化的电子文本的转换。OCR 技术在纸质档案数字化中的应用。OCR 识别技术在档案数字化中的优势，主要体现在通过 OCR 实现文字的自动输入快捷省力。机构每年接收的档案中仍然会有相当数量的档案为纸质档案。能够实现纸质档案上的固定文字信息向能被检索利用数字化信息的转变，就是汉字识别技术的应用价值所在。纸质档案经扫描数字化后，应用 OCR 识别技术，能够实现档案信息资源的检索、传输，这就意味着档案用户异地检索、复制引用档案信息成为现实。这无疑大大拓宽了档案的利用面，极大地提高了档案的利用水平及服务水平。

（八）数字化软件

1. 图像采集软件

图像采集软件用于扫描仪成像管理，可分为两类，一类是扫描仪自带的图像采集软件，使用范围较小，只适用于同型号的扫描仪。一类是基于 TWAIN（软件和数码相机、扫描仪等图像输入设备之间的通信标准）协议开发的通用图像采集软件，能适用于不同型号的扫描仪。图像采集软件的主要功能；设置扫描仪在扫描档案时所用的扫描参数，如分辨率、亮度、对比度、色彩模式、图像格式等；能对扫描得到的图像进行预览，并能对预览图像进行简单的图像处理，如旋转、删除、重新扫描等功能；能提供多种图像存储格式选择，将扫描图像按规定的文件名保存指定存储路径下。

2. 图像编辑软件

图像编辑软件用于对数字图像的处理加工，使数字图像质量达到的入馆标准。档案部门也可以根据档案数字化中图像处理的实际情况，开发制定专用的图像编辑软件，提高图像处理效率。图像编辑软件应具有的功能包括能对数字图像进行旋转、纠偏、去黑边、自动去污等操作；支持多张数字图像的拼接；能对图像颜色进行局部处理，增强图像的局部显示效果；支持数字图像格式转换；能对图像进行压缩，减小图像存储容量等。

3. 档案著录软件

用于对数字图像的信息著录，数字图像信息著录的详简级次决定了将来计算机检索查询的深度。著录软件可依据档案著录规则、档案分类办法以及本单位馆藏情况来设定著录项。图像著录过程可以和扫描过程同时进行，也可按数字化流程集中著录。档案著录软件一般整合于档案部门的数字档案管理系统中，通过档案著录程序可以在存储服务器中创建相应的档案目录数据库，通过挂接程序实现数字图像与档案目录数据库的逻辑连接，方便数字图像的检索与调用。

4. 辅助软件与系统

纸质档案数字化过程中，还需许多程序来保证数字化系统的正常运行，如各硬件驱动程序、计算机操作系统、数字图像的存储系统、图像批量挂接软件和提供数字图像检索的数据库系统等。纸质档案数字化过程中，可使用的数字化软件种类多样，档案部门可依据实际需要，选择合适的数字化软件，也可以将上述数字化软件中的相应功能整合，设计、开发针对性更强的纸质档案数字化专用系统，以提高数字化工作效率。

第四章　当代档案信息化资源建设

信息技术的迅猛发展和广泛应用，为档案信息资源的科学保管和开发利用创造了前所未有的契机，也给档案信息化建设带来了挑战和机遇，当代档案信息化资源建设要关注档案信息的数字化建设，切实加强电子文档的管理，积极探索电子文档归档和移交的方式方法，还要加强档案信息数据库建设，推动档案信息化建设步伐，为当代档案信息化资源建设做好充分的准备，全面推进档案信息化建设，促进档案事业持续健康快速发展，为我国改革开放和现代化建设服务。本章则围绕档案信息的数字化、电子文档归档与移交、档案信息数据库建设等内容展开研究。

第一节　档案信息的数字化

一、档案信息的数字化背景与内涵

（一）档案信息的数字化背景

信息时代背景下，日渐发展的社会生产力与科学技术无时无刻不在影响着人们生活的各个层面。档案已经成为中国经济和社会发展所需要的信息资源的重要一部分，档案数字化管理应运而生。它不仅是未来改革档案管理模式、合理使用档案信息资源和发展创新档案服务方式的重大基础，还是中国过去二十多年档案开放历程与当下时代特征的重要体现。

档案的数字化管理工作是进一步改造我国传统档案管理模式、有效利用档案信息资源共享和创新发展现代档案服务管理方式的重要基础。数字化工作使档案内容与载体实现了分离，使档案信息的管理与利用不再拘泥于某一具体时空范围，并由此也增加了对档案的研究深度与使用程度；档案主管部门对档案事务的统一管理，由传统的纸质实物管理，逐渐变为对内容的管理。21世纪以来，中国国家档案局陆续发布的有关档案事业发展的中长期规划纲要，都多次明确提出了推进中国传统载体档案数字化进程的重要内容。党的十九届五中全会审议通过的《中共中央关于制订国民经济和社会发展第十四个五年规划和二〇三五年远景目标的建议》明确指出，坚定不移建设制造强国、质量强国、网络强国、数字中国，推动互联网、大数据、人工智能等同各产业深度融合。作为数字中国建设的重要一部分，档案信息的数字化建设将得到更好发展，更好服务于社会治理。

档案信息的数字化转型是新一代信息技术发展到一定阶段的产物。随着档案信息化的应用，建设项目档案管理工作中的技术条件也在逐步升级，技术创新的发展推动了建设项目档案管理从传统的分阶段管理、手工管理的模式向集成式系统管理、自动管理模式的转变，档案文件由“管档案向管数据”的转变，并通过各类数字化系统实现了档案的收集整理、自动归档及存储利用等流程和业务。在数字化转型发展的背景下，不断升级的档案工作技术条件成为数字化转型背景下档案管理工作的推动力，也推动了档案工作不断向全面化、规范化、标准化管理的方向发展。在数字化转型背景下，新一代信息技术的发展和应用对档案管理工作产生了剧烈的冲击和深刻的影响，档案管理尤其需要对技术条件的变化予以高度的关注，技术创新已经成为实现档案管理工作的关键方法。技术条件的升级变化，使得传统的档案管理方法和档案管理标准也不再适应数字化转型背景下档案管理工作的技术需要。例如，在数字化转型的背景下，BIM技术、大数据、人工智能等新一代信息技术已经被广泛应用到建筑行业中，给建设项目档案工作带来了一系列的变革与发展。在国家大力推进档案管理信息化的背景下，建设单位应该立足于建设项目档案管理工作中，以BIM为中心的数字化转型等新一代信息技术为依托，以实际的档案管理应用和需求为导向，深入推进建设项目电子档案全生命周期的存储与备份机制，建立健全业务流程与档案流程一体化的管理信息系统。依托云计算、BIM技术、GIS技术、大数据技术作为支撑，打造建设项目档案共建共享的数据资源平台，通过新一代信息技术真实性、可追溯等技术特性在项目档案管理工作中的应用，来构建建设项目档案数据管理平台，逐步建立起与数字化转型等新型信息技术相关联的制度体系、标准体系和管理体系，并结合建设项目档案工作数字化转型的特征，来有序推进建设项目全生命周期信息的有效整合，实现档案管理工作从数据资源到智能应用的全面升级，并加快推进建设项目档案标准体系的完善。

（二）档案信息的数字化内涵

档案数字化是指传统档案工作依托档案信息化平台，利用信息化的工具，采用信息化技术使得其信息资源数字化、应用系统网络化、综合管理信息化、人员队伍专业化的整个行业系统的数字化。档案数字化既保留了档案的原始记录这一根本属性，又能够顺应时代的发展，将视野转向科技革命所带给我们的数字时代，将档案的收集、整理、鉴定、利用应用于档案信息化建设与管理。一方面扩大了档案的利用，提高了档案的利用效率，另一方面，减少传统档案的保存空间，既降低了档案保管的成本，又能够从侧面鞭策档案工作者提高自身在档案工作中的价值，以应对日新月异的世界所带给我们的机遇与挑战，从而应对社会各行各业飞速发展对档案信息化建设与管理工作的新要求。

数字化的到来，不但可以拓展新的经济发展空间，还可以推动传统产业的转型升级，推动整个社会的转型发展。数字化转型是一个由认知与思考、战略规划、具体实施、迭代与更新四个环节组成的闭环，需要掌握技术、搭建架构、数据分析、安全防护等环节，最终实现数字化、信息化和智能化。数字化转型是对环境、流程、系统、关系的重新界定，使企业从内到外、从前到后，都要做到最大程度地提高效率，并最终创造价值。从档案行业来看，档案信息的数字化转型不是纸质档案转化为电子档案的过程，也不是单纯对电子档案进行生成、管理、开放利用的过程，而是将当前的计算机技术，如语义网、人工智能等用于档案信息化工作，超越文件级查找和页面阅读的档案利用局限，为用户提供更加智能化的档案服务的一种构想与期望。从这层概念理解，档案数字化转型的实质是档案从数字化向数据化发展的过程，它是数字化的更高阶段。

档案信息的数字化是指计算机数字化信息技术在档案信息管理领域的有效运用。档案信息的数字化工作主要涉及两个方面的内容：一是将原始的传统档案信息，如文本、（单色的和彩色的、静止的和活跃的）图文、音频等的传统档案信息数字化，而另一个则是把经过现代数字化的传统档案信息还原成文本、图片、音频等传统的档案信息。前者是为了把原有的传统档案信息的具体内容输入至计算机系统，而后者则是将数字化的档案由计算机系统传递给使用者①。

档案信息的数字化理论概念有狭义和广义的区分。狭义的理论概念就是档案信息的数字化过程，将保存在各种媒介载体上的档案信息通过电脑录入、转换、处理等形式，将文本、图像、录像、音频等，转化为由 0 和 1 所构成的二进制序列，然后再存放在磁带、光盘等物理媒介载体上的一个流程。概括而言，档案信息数字化就是将非数字形态的档案转换为数字信息内容的一种流程。这个步骤中有三个要点：一是实现数字化过程的对象必须是档案；二是数字化过程的对象必须是非数字形态的基于传统载体形式的档案；三是整个步骤流程是实现从非数字形式向数字信息转化。广义来讲，档案信息的数字化一般主要涉及两个基本的要求。其中一个是对目录的数字化管理，就是说将传统手工查看的纸质目录录入电脑，从而形成档案目录数据库。另一种方法是将各类载体和记载方法的档案信息加以全方位的信息数字化，重点是对纸质档案信息进行全文信息内容的全方位信息数字化。全文信息数字化，通常是指通过扫描的方式，根据原貌，把档案中全文信息逐页地存储为图片形式，并进行重新编制的索引内容；又或者经光学字符技术进行了文字的识别以后，再次使用文字格式存储，从而具有全文检索数据的功能。

档案信息的数字化基本概念与理论概念有两个共同点：一是与电脑技术有关；二是把其他载体上的档案内容转变为数字化信息。档案信息的数字化是创建数字化档案的一个过程。档案信息的数字化主要目的是使档案的运用与管理能够更好地适应现代信息社会的发展速度，为了满足现代信息社会中各层次公民对档案信息资料激增的需要，为了进一步提高档案的远程利用与便利服务水平，为了增加信息检索处理速度，尽量减少因为不断利用而对档案原件（尤其是珍贵档案）所可能产生的原件损毁，保存好现有档案原件，从而充分地发挥馆藏档案信息资料的优越性，进一步推动对馆藏档案的综合开发与保护利用。档案信息的数字化过程是利用各种数字化的方法，通过各种设备，按照规范的数字化技术标准形成各类数字化档案的一个过程。

① 刘静．数字化技术在档案管理工作中的运用研究［J］．办公室业务，2020（21）：117-118.

二、档案信息的数字化发展趋势

随着科学技术的发展，档案管理工作发生了很大的变化，档案信息数字化成为我国档案管理的发展趋势。档案信息数字化不仅是档案管理工作的内在要求，也是用户对档案信息的需要，能提高档案管理工作的质量和效率。

（一）数字化转型推动发展变革

21 世纪以来，以计算机为基础而产生的一系列信息技术与机器的出现，对社会生活产生了巨大的影响，推动数字化转型推动发展变革传统行业进行数字化变革。我国全球创新指数排名在全球排名从 2015 年第 29 位跃居 2022 年第 11 位。其中，集成电路、基础软件等在关键核心技术方面取得突破性进展。我国已经成为全球最大专利申请来源国之一，其中，5G、区块链、人工智能等领域专利申请量全球第一。在这一阶段，传统档案工作依托先进的计算机技术也进行了一系列的变革。表现为从传统的纸质文件到电子文件，从“双轨制”到“单轨制”，从“双套制”到“单套制”。

（二）数字化技术重构产业模式

2022 年我国数字经济总量跃居世界第二，数字产业化的基础变得更加坚实，数据赋能以及赋值推动了传统制造业、农业以及服务业的蓬勃发展。传统档案工作在数字化技术的加持之下，其传统的产业模式也产生一系列变革。档案服务的对象由原来的政府机构面向全体社会，从而产生了更多的需求，档案数字化需求反作用于档案行业催生了一系列的档案公司，即从档案的产生到销毁或长期保存的完整服务体系。

（三）数字经济推动数字创新

传统行业创新围绕数字化技术如云计算、大数据、物联网、智慧城市等依靠计算机所产生的科学技术迅速发展和广泛应用，昭示着我们已经走进数字时代。在这种环境下，各行各业纷纷进行改革创新，找到自己的时代定位。世界经济数字化转型加速，新一代信息技术加速迭代升级和融合应用，数字经济引领生产要素组织形态、商业模式全方位变革，从而使得人民生活产生新的需求，进而推动各行各业催生出新的业务与服务方式。在这种发展环境下，档案信息化建设与管理也不断创新，开创了档案信息化的数字化时代。

第二节　电子文档归档与移交

一、电子文档的特性

（一）信息的非人工识读性

信息的非人工识读性表现在两方面：一方面，电子文件使用了人们不可直接识读的记录符号——数字式代码，即将输入计算机的任何种类的信息都转换成二进制代码。对于这种经过复杂编制的二进制代码，人工无法直接破译它的含义，只有通过计算机特定的程序解码，使之还原为输入前的状态，才能被人识读。所以，电子文件在给人类带来极大方便的同时，也使其内部实现机制变得越来越复杂。另一方面，电子文件存储在载体上，人们无法直接通过载体阅读，必须通过计算机等设备显现，才能识读①。

（二）系统的依赖性

电子文件对系统的依赖性包含两个方面：一是电子文件的形成、流转、归档等全部管理活动都必须借助于计算机系统才能实现。离开计算机系统，人就无法识读和管理电子文件。二是生成文件的软硬件系统一旦更新换代，会造成电子文件的失真、失效，无法还原。

（三）信息的可变性

造成电子文件信息可变性的情况很多。首先，计算机系统中信息的相对独立性使得对信息的增删更改十分容易，而且修改之后看不出任何改动过的痕迹；其次，电子文件在形成、归档、管理和利用过程中会形成大量的动态文档，而动态文档中的数据不断地被更新或补充，以反映最新情况；最后，存储载体和信息技术的不稳定性，新的信息编码方案、存储格式、系统软件不断出现，对电子文件的稳定性产生巨大的冲击，新的系统要求将电子文件转换成某种标准格式或新的文件格式，往往会造成电子文件信息的损失。

---

① 陈小洪．谈谈档案信息资源网络化共享［J］．兰台世界，2013(S1)：111-112.

（四）信息的可操作性

电子文件中的信息可以随时根据人们的需要，便捷、灵活地加以编辑、复制、删除，或进行多媒体合成，或按照特定的需要排列组合，或进行压缩和解压，或进行格式和数据结构的转换，或通过各种传播媒体传递给远程用户，显著提升了人对信息资源的管控能力和利用能力。

二、电子文档的归档

（一）电子文档归档的含义

文档归档是将有存储价值的文件在处理流程结束之后进行一定的整理并由档案馆或者档案室进行保存。文件的归档过程不仅是档案管理人员的一项工作，而且也是档案价值的一项重要任务，同时也是文档管理变化以及与文化有关的权力和责任变化的象征。电子文档归档指的是电子文档经过档案属性以及价值评判后，将其从计算机存储介质或者网络存储介质转移到大容量的硬盘或者光盘等存储介质进行长期有效的保管。

（二）电子文档归档的范围

①纸质文件对应的电子文档，参照国家有关归档范围和保管期限规定归档。对于需要保存草稿及过程稿的电子文档，需要按照版本管理的要求添加版本号，并和正本一并归档。

②利用信息系统产生的无纸化新型电子文档，如网站、电子邮件、微博、微信等电子文档的归档。

③各种数据文件，如数据库、图形库和方法库等的归档。对于这种数据文件应定期拷贝，作为一个数据集归档。

④保证电子文档长期可读性的支持软件包括操作系统、应用软件及相关代码库、参数设置等也需要归档。

⑤有关元数据、说明性材料的归档，确保电子文档的真实性、完整性、有效性和安全性。

⑥对于必须实行“双套制”保存的电子档案，应归档相同内容的纸质文件，并在有关目录中建立电子文档和纸质文件之间的关联关系。

（三）电子文档归档的流程

从我国电子文档归档的实践来看，其归档流程与传统文件的归档流程没有区别。即由机关档案馆的档案人员督促各部门兼职档案员移交前一年的电子文档。归档时的操作基本上包括确定归档对象、判断保管期限、明确保存顺序并编制档号、盒号。

电子文档归档中还要实现电子文档归档流程的优化，集成三合一制度实现预归档。实现电子文档预归档可以在电子文档管理过程中践行前端控制的相关理论。前端控制理论是“前馈控制”在电子环境应用的引申使用，前馈控制即是在行动开始前就针对存在的问题采用有效的措施，规避接下来的风险。将前馈控制理论进行延伸应用于电子文档管理领域，实行电子文档归档前端控制，能够对电子档案流程优化起到事半功倍的效果。在电子文档内容信息及其管理信息形成的过程中就提前采取归档措施，对于电子文档的正常使用流程并未产生任何的影响，却能避免电子文档归档不及时导致的被动情形，能够有效地提高电子文档管理的效率。在预归档阶段，正确处理机关档案分类方案、归档范围和保管期限之间的关系。第一，确定归档范围。确定归档范围是细化分类的体现，也是确立哪些文件归档与不归档的一个依据。凡是具有保存价值的各类文件一般都需进行归档；第二，制订分类方案，可以在预归档的阶段根据文件的不同种类进行分类，如按文件形成和处理的年度分类、按文件内容所说明的问题分类、按文书处理形成文件的承办单位分类；第三，编制保管期限表。解决归档内容重要程度和保管时间长短的问题。运用“三合一制度”将档案电子文档管理工作的操作提升到电子文档的形成、运转以及归档等环节，此外要设立统一、密切、独立的准则以及运转模式，有助于在电子档案管理过程中确保电子文档的原始性、真实性以及系统性。

由于元数据在电子文档归档与电子档案管理中处于比较重要的地位，也是档案数据不可或缺的组成方面，能为电子档案的效力作用提供重要的依据，为了使电子文档归档过程中能够准确进行必须元数据的提取，档案管理部门需要进行元数据办理，方案的指定以及实施。档案管理部门可以参考国家档案局发布的行业标准，进行电子文档归档元数据项、元数据捕获节点等的设置，对电子文档归档元数据捕获方式进行有效的完善，确保在系统中能够准确提取到进行电子文档归档所需要的元数据。例如，在进行某单位的业务系统改造时，首先要按照国家制定的电子档案行业标准要求制订适合单位实际情况的文书类电子档案元数据管理方案，进行文书类电子档案中进行必须元数据提取所需要的获取方式、元数据内容、元数据类型以及需要进行元数据自动捕获的方案。其次是在协同办公系统中进行文件自动归档的改造，对于必须元数据按照预先设定的捕捉方式以及捕捉内容进行自动捕捉。最后对接接收到的外来文件，也要按照制订的元数据管理方案进行整理、鉴定以及保管利用。

（四）电子文档归档的方式

在归档的方式上，电子文档归档可以划分出逻辑归档和物理归档两种方式，其中逻辑归档主要是指不处理电子文档的实体，只通过计算机系统和网络连接将电子文档直接以电子的形式移交至档案部门。在物理归档之下，还可以继续划分出两种归档的处理方法：脱机存储以及联机存储，脱机存储意为将电子文档从原操作系统中移出到实体载体上，进而进行载体的移交；联机存储则不需要将电子文档移出操作系统，依靠网络连接可以直接将文件通过专有系统移交至档案部门的终端设备上进行归档保存。

（五）电子文档归档的要求

电子文档的归档应以国家和本地区有关规定和标准为依据，做到真实、完整和有效，实现档案的价值，便于社会各方利用。

①归档范围和保管期限。电子文档应准确划分归档范围和保管期限，具有保存价值的照片、音视频文件和公务电子邮件等电子文档也应当列入归档范围；电子文档的正本、定稿、签发稿、处理单等重要电子文档的修改稿和留痕信息也应当完整归档。

②双套制归档。具有永久保存价值或者其他重要价值的电子文档，应当转换为纸质文件或缩微品同时归档。定期保存的电子文档，由电子文档的形成单位根据实际需要决定是否采用异质双套归档。法律法规中规定不适用电子签名的电子文档，归档时应附加有法律效力的纸质签署文件。

③归档载体。带有归档标识的电子文档集中起来，制成归档数据集，存储至耐久的载体上。

④归档载体标签。存储电子文档的载体或装具上应贴有标签，标签上应注明

载体序号、宗号、类别号、密级、保管期限、存入日期等，归档后电子文档的载体应设置成禁止写入操作的状态。

⑤真实性。电子文档形成部门需对归档电子文档内容的可靠性、稿本的准确性以及双套文件的一致性加以确认。

⑥完整性。确保归档电子文档和相关文件及元数据齐全，且关联有效。为了保障电子文档的真实、完整、有效，可以将电子文档的办文单打印成纸质文件与电子文档一并归档。

（六）电子文档归档策略

1. 优化内部组织结构

为了保证电子文档归档与移交的顺利发展，档案部门必须建立工作组，专注于合作项目和不同部门之间的协调关系。管理者充分考虑工作组的人员的协调分配，考虑关键人员和基本方面的经验、资历、能力和责任，以此决定团队领导和高级职位人员的责任，并适当地调整每个职位的工作负载，确保工作组分配有效技术人员最大限度地合理发挥他们的才能，能够提高效率并且成功地完成临时任务或使命。通过专题实践活动、工作经历分享、基本职能指引讲座等方式使他们及时掌握情况，全面了解本单位的档案资料和纸质档案数字化、电子化的进展情况，掌握本单位档案工作的薄弱环节，以便进一步提出方案。

2. 加强对信息技术的应用

电子文档本身就运用了一定的技术。当前，电子文档载体已从单一的纸质载体转变为多质载体。文件传输方式也从传统的手工传输方式变为网络采集方式了。档案管理过程也有了一些新的不同，出现一些新的性状，要对其进行些许调整。为了对原始电子文档进行有效的组织和管理，必须充分利用信息技术，来协调流通过程。当前应用的信息技术，如工作流技术可以实现工作流程的定制；数字签名技术可以保证每一个环节都不可抵赖，确保电子档案的真实完整性；人工智能技术可以实现电子文档分类方案与保管期限的自动化。特别是形成阶段嵌入三合一制度之后，文件一起草，就可以自动确定属于哪一类，应该保存多少年。档案在网络环境中形成、流通、会签、批准、发放、标识、存档、保存或销毁等统一起来，单一的控制中心和统一的工作流程，反映了档案在信息处理过程中的形成和移动。

有效使用信息技术可以为电子档案重组工作给予有效的工具支持，这是无法改变的。在这个过程中要注意信息技术在流程重组中的应用，需要尽快合理地运用信息技术实施重组过程，实现重组真正的目的。

3. 提供优质的信息化环境

信息技术的应用和档案信息化建设与管理是双向的：一方面，信息技术是提高档案管理效率的技术工具；另一方面，根据新技术的要求，可以利用信息技术的潜力。档案电子文档管理业务流程的特点是用户的需求，由有效的信息技术支持。在传统文献与数字信息源相结合的背景下，有效地获取信息。自动化管理系统的引入和数字技术的应用是建设基于数字资源的电子档案管理的技术保障。档案管理机构在改造原有业务流程的基础上，按照设计要求对管理进行改革，将所有业务流程合并为一个集成的业务管理系统，充分利用现在的信息技术是档案管理机构业务流程成功重组的硬保证。充分利用信息技术主要包含两个方面：一方面，在档案管理机构业务流程重组过程中充分利用现代先进信息技术；另一方面，构建档案管理机构现代化管理的信息平台。例如，档案管理中心整个数字档案室系统采取先进的工作流引擎，可以根据角色分工的不同决定文件的传递归档。结合档案业务需求，研发档案查询利用子系统，赋予了系统许多检索功能，利于档案工作的进一步开展。随着新技术、新理念的出现，要最大化地利用现有的技术和工具，参与竞争的优势。业务流程再造必须基于选择和应用先进的信息技术和工作模式，如“互联网＋”、OCR、数据挖掘等，为新系统的建设提供强有力的支持。

三、电子文档的移交

档案电子文档归档后，电子文档按有关规定移交至档案室等档案保管部门，作为电子档案进行集中保管，这是归档的最后实施环节。

（一）移交流程

档案电子文档的移交有两种，一种是机关类的移交，则由机关各部门兼职档案员完成电子文档归档后移交给机关档案室；另一种是自电子文档形成 5 年之后移交给档案馆。档案电子文档移交进馆又分为介质移交和网络移交两种方式，我国主要采取的是介质移交。如果采取的是实时网络移交，那么在移交之后，其纸质副本和硬拷贝件都需要保留。系统先自动生成一份移交进馆登记表，档案工作人员在完成对档案数量和质量的审核之后，移交双方均需对电子文档的四性进行检测，双方填写移交与接收登记表。若采用介质移交，则移交双方对电子档案的四性进行检测，核对电子档案的数量、质量。检验完成之后，双方在电子档案移交与接收登记表上分别盖章签字。

（二）移交时间

电子文档的在线归档和离线归档，一般是在年度或文件所针对的任务完成后，或一个阶段之后的一段时间内进行归档移交，具体可视情况而言。如管理性文件可按照内容特点确定一个归档期限；技术文件、科研项目文件等则可在项目完成后归档移交。因涉及电子文档的技术环境条件、存储载体质量、寿命等问题，一般以不超过 3 个月为宜。

（三）移交要求

①元数据与电子档案一起移交。

②移交格式按照国家有关规定执行。

③电子档案有相应纸质、缩微制品等载体的，应当在元数据中著录相关信息。

④采用技术方法加密的电子档案应当解密后移交，压缩的电子档案应当解压缩后移交。特殊格式的电子档案应当与其读取平台一起移交。

（四）移交检验

在接收电子文档之前，应对电子文档及其技术环境进行检验，合格后方可进行交接。

档案电子文档检验项目主要有以下内容：①载体有无划痕，是否清洁；②有无病毒；③核实电子档案的真实性、完整性、有效性及审核手续；④核实登记表、软件、说明材料等是否齐全；⑤对特殊格式的电子档案，应核实其相关的软件、版本、操作手册等是否可用和完整；⑥检验结果分别由移交单位、接收单位填入《电子档案移交、接收检验登记表》的相应栏目。

档案保管部门应按照要求及检验项目对电子档案逐一验收。对检验不合格的，应退回形成部门重新制作整理后再次移交。

（五）移交方式

①离线移交。档案电子文档归档离线移交应当满足以下基本要求：移交单位一般采用光盘移交电子档案，光盘应符合移交要求；移交单位应当按照有关要求进行光盘数据刻录及检测；存储电子档案的载体和载体盒上应当分别标注反映其内容的标签；移交载体内电子档案的存储结构应符合国家和本地区的有关规定。

②在线移交。通过与保密级别和管理要求相匹配的网络系统传输符合要求的电子文档及其元数据。

四、电子文档归档与移交的安全保护

在电子文档归档和移交过程中，还要加强电子文档的安全保护。

（一）完善电子档案安全管理制度

在档案信息化信息安全保障体系建设中，要长存忧患意识，防范风险挑战，不断完善以数据安全为主要任务的档案电子文档安全管理制度。首先，根据档案信息的完整性、机密性和可用性等安全属性进行分类，从而明确不同的优先级、保护需求和相应的保护级别，分清主次要关系；其次，按照国家法律和地方行政法规，运用档案管理理念和信息安全防护技术，制定档案的电子文档安全管理制度，细化档案安全管理细则，明确责任分工和落实，使制度不仅挂在墙上，还要融入实际工作；最后，依照档案电子文档安全管理制度，制定切实可行的档案安全应急预案，将档案安全应急机制纳入单位管理机制，每年定期开展应急演练，确保档案电子文档安全管理制度落在实处，从而提升档案电子文档管理的规范性和安全性。

（二）建立档案数据库及备份

档案信息化管理是新时代档案保存最安全的方式，恰当地处理了纸质档案与档案的电子文档的关系。在档案电子文档的安全方面，要从技术上保证档案电子文档采集和存储的“路径安全”“数据安全”“离线安全”和“出口安全”。档案管理要采用“一体化”系统收集所有在线提交的电子图像，避免人为干预提交过程，确保“路径安全”；整个提交过程须要对电子签名的完整应用进行验证，通过识别链接、指纹和电子证书并通过将电子签名上传到整个过程的多个页面，设置实时元数据捕获来验证电子签名，确保“数据安全”；从系统中实时捕获元数据，链接到物理存档的电子文档，链接在一起并存储在管理系统中，以便在独立环境中查看文件，确保无需外部网络电子文档的“离线安全”；文件查询加载电子水印和电子文档查找确保使用电子文档“出口安全”。

在内部管理方面，档案信息化管理提供内控在线处理、审核和审批等业务创新支持。通过互联网进行，使咨询范围更广泛更方便。从利用价值来看，通过对海量档案数据的对比分析和大数据挖掘，摆脱了传统的档案使用方式，使档案发挥更大的作用。大数据的建立，加快了档案信息化进程，保障了政府、企业、机构和公众之间的安全和信息交流，促进了数据的有效利用。

（三）加强档案的电子文档的保密工作

在档案信息化建设过程中，信息安全不容忽视。档案的电子文档必须将档案利用和信息保护综合考虑。目前，信息安全最重要的技术有数据加密、信息隐藏和信息认证。在档案的电子文档存储方面，档案的电子文档存储在硬盘驱动器、磁盘阵列和光盘等介质中，媒介和环境原因可能会损坏文件，使其无法读取和使用。因此，在对档案电子文档定期查验时，可使用档案电子文档检测软件，确保图像清晰，档案真实。在安全防护检测方面，着重完善杀毒软件及防护墙的建设，组建动态多层防御设施，对受到损害、破坏或攻击的用户和系统提供预警，建立快速恢复、修复和升级的安全防御体系。在信息快速传播的今天，信息保密工作任重道远，因此档案电子文档安全教育工作尤为关键，应增加对于档案管理人员的规范与约束，必须开展安全保密培训班，确保档案信息安全，防止泄露，提高档案管理人员的保密意识，严格遵守档案电子管理制度规定。

第三节　档案信息数据库建设

一、档案信息数据库的设计

数据库是一种先进的数据库管理技术和软件工具。在档案信息化建设和管理中，需要对大量的、复杂的档案数据进行处理，因此数据库技术在档案信息化建设和管理中有着重要的意义。

（一）档案信息数据库设计过程

档案信息数据库的设计需经历由现实世界向机器世界的转换过程。档案信息数据库设计要解决针对一个档案工作应用领域，设计优化的数据库逻辑结构和物理结构，使之满足用户的信息管理要求和数据操作要求，有效地支持各种应用系统的开发和运行。

档案信息数据库设计的目标是为用户和各种档案应用系统提供一个高效率的运行环境，提高档案信息数据库的存取效率和存储空间的利用率。数据库的设计过程应考虑计算机软硬件环境、数据库管理系统的能力、用户的需求及系统对完整性、安全性的要求。

档案信息数据库设计分为五个步骤，即数据库需求分析、概念设计、逻辑设计、物理设计与加载测试。

需求分析与数据分析是整个设计过程中最重要的一步。这阶段的主要任务是从所有数据库用户那里收集信息内容和处理要求。需求分析既要保证档案组织工作的信息流观点的一致性，又要保证用户目标的一致性。

概念设计的任务就是实现由现实世界向概念世界的转换，形成概念数据库模型。在概念设计中通过对用户信息需求的综合归纳，形成一个不依赖某个数据库管理系统的数据库概念结构，或称概念模型，由于它是从概念世界的角度进行的一种描述，可以不依赖任何数据库管理系统或硬件环境。

逻辑设计得到的数据库结构是数据库管理系统可以处理的数据模型，通常用数据定义语言表示，我们称它为“数据库逻辑结构”。逻辑设计与概念设计不同，概念设计只是对客观世界的描述，与实现无关，而逻辑设计却与实现有关，依赖实现的基础数据库管理系统。

物理设计是选择物理数据库结构，得到一个完整的、可实现的数据库结构。物理设计的任务是确定所有属性的类型、宽度与取值范围，设计出基本表的主关键字，将所有的表名与字段名英文化，实现物理建库。

加载测试即对数据库输入一批实际数据，通过运行测试得到一个既客观地反映档案数据及其关系，又在适应性、合理性等方面经过充分试验满足设计要求的数据库。加载测试工作贯穿于程序测试工作的全过程，整个录入、修改、查询、处理工作均可视为对数据库的加载测试工作。

应该注意，设计过程的每一阶段的末尾，都要进行评审检查。尽可能使设计错误在早期发现并在早期予以纠正。在数据库设计过程中，需求分析和概念设计可以独立于任何数据库管理系统进行，逻辑设计和物理设计则与具体的数据库管理系统有密切的关系。

（二）档案信息数据库架构设计

需求分析是整个档案信息数据库建设的基础，这一阶段的主要任务是通过了解和明确用户的需求，包括用户需要数据库中存储哪些信息和需要数据库提供哪些功能等。对于数据库设计人员而言，一方面要了解档案部门的管理需求及其业务流程；另一方面要明确使用档案资源的用户信息需求，在此基础上构建数据库的整体结构，并且将整体结构反馈给用户，进一步沟通和修改，如此反复直到数据库的整体结构设计能够解决用户的真实需求，得到用户的认可，才能继续进行下一步的设计和实施。了解用户需求的方法主要有跟班作业、座谈会、专人介绍、调查问卷等，这些都是促进数据库设计人员熟悉业务流程、理解用户真实需求的有效方式。档案信息数据库的使用者主要有三种类型分别是档案管理人员、查档用户和系统管理员。其中系统管理员主要负责的是档案信息数据库的维护，该需求及其对应的数据库功能设计与一般数据库类似。

档案管理人员主要负责的是档案资源的管理，包括整理、标引、录入、存储、修改、调档提供利用服务等工作职责。在档案馆建立的馆藏数据库中，这些都是基本的功能设计。查档用户是档案资源的使用者，这类用户对档案资源的要求以全面、方便、翔实为主。全面是对档案资源的要求，即档案信息数据库中的资源能够系统而详尽地反映、社会重大事件的前因后果，来龙去脉，除了档案文件，还可以包括新闻、社会评价等。

从用户需求来看，档案信息数据库需要具有一系列功能模块，才能准确实现用户需求的满足。根据用户类型及其需求特点的不同，档案信息数据库功能模块设计要满足系统维护人员的需求，满足档案管理人员的资源建设需求，还要满足查档用户档案信息检索、获取及咨询、反馈等功能。此外，由于档案信息数据库涉及数据和系统的异构分布集成，需要多主体共同参与管理、维护，因此需要具有多主体实时分布协同互操作的功能。可见，档案信息数据库在宏观上主要需要实现档案信息的采集、标引、协同管理、提供档案服务和实现用户反馈这五个功能。

二、构建“仓储”式数字档案资源库

档案数据仓库是指一种面向特定主题的、高度集成化的、不可改变的、与时间相关的信息数据集合，既能存储，又能实现数字档案的信息分析和处理。具有超高的兼容性和内容存量的可伸缩性，整体构架在进行了科学设计之后，可以进行高效管理和有效协作，能够实现档案的管理工作和业务流程的优化。

“仓储”式的数字档案资源库，以大数据、云计算等技术为技术基础，附加海量信息检索技术，能够实现档案的有效分类和信息整合（社会公开类、部门共享类、依法专用类）。再结合“互联网＋”与数据化的思想，通过对原生信息的整合，可以实现对数字档案的分析统计和保存，对资源进行优化配置和智能挖掘，进而达到价值增值。

数据仓库技术也为处理数据库中的电子文件归档问题和实现数据的高效管理问题提供了可能性。它所具备的数据集成性特征，保证了原始信息系统中的电子文档能够存储于数据仓库之中；其不可更改性特征也保证了原始数据的安全性。在数据组织方面，数据仓库在针对不同的主题词内容时，往往能够运用更多维的方法实现对数据的集成与分类。这也就和传统档案管理中按照主题对档案内容进行划分有很大的相似之处，同时也与电子文件的多维性有一定的相通之处。

数据仓库中的数据信息并不是由本身自动生成的，而直接来自其他的各种数据信息系统。这些数据分析既可以来自于能够支撑事务处理的传统关系数据库，也可以是半结构化的数据库系统，或者是没有内部结构的单纯文件系统等。而这些主数据库系统又可以有许多类别，包括历史数据、办公业务数据、网络数据、原数据等。

数据仓库对电子文件进行管理的过程中，能够做到电子文件不被修改，确保了文件的原创性，保障了数据的真实可靠；同时，具备了较好的迁移性，便于档案部门日后的数据库文件的转移；数据仓库系统在存储这些文件的同时，通过使用各种开发工具，既能够实现对文件内容的搜索利用，又能够使用原系统的应用程序对数据进行处理；可以扩展档案服务的内涵，支持对内容更深入地分析；按照主题法对这些数字化档案进行分类，方便不同类型电子文件的存储、保管、抽取、转换与装载，解决异构数据库互联的问题。

数据仓库的工作是输入关键词进行检索，数据仓库将其归类到某一主题，然后输出目标档案，当我们需要辅助决策的档案时，支持决策分析的算法库就会发挥作用，输出经过综合分析后的再加工档案。①共享数据库。共享数据库的构建，每个部门都有自己单独的数字档案库，选取可进行共享的数字档案构建子数据库——可共享的数字档案库，然后各子数据库进行汇集整合，形成全市的数字档案共享库。②目录数据库。数字档案的目录数据库是能够最便捷实现对数字档案资源进行高效管理的重要基础。它可以根据相应的目录字段的构成特点，把所有可以正确表达不同数字档案特点的规范数据存入计算机系统中，再通过系统的自动排序等流程进行内容的处理，从而建立能够由计算机系统进行检索的数字档案目录数据库。

通常来看，目录数据库的形成主要有两种途径：一是采用人工录入建库的方法形成，这种方式一般是针对利用传统载体所进行的档案数字化；二是系统自动生成，或者从数字档案元数据库中抽取出来，这种方式一般是针对直接接收的数字档案。一个较为科学的目录体系，必须同时具备总目录库与专项数字档案目录库，专项数字档案目录库还应该包括这样一些内容：政府部门之间的数据共享目录库，可以实现各单位之间的数据交换；基于服务公众的需要，政府和档案主管部门的门户网站服务目录数据库，可以实现对社会大众的主动服务；按照主题词法分类，建立主题数字档案目录库，能实现档案的分类汇总等。

三、夯实档案信息共享平台资源基础

在档案信息数据库资源建设中，可以采取以下措施加以解决，进一步夯实档案资源跨域共享平台的资源基础。

首先，积极开展档案数字化工作。制订档案数字化工作方案，按照档案数字化规范中的具体流程与操作规范进行数字化处理，将存量的纸质、照片、声像等传统档案转换成档案数字化副本，并将其与档案目录数据库中的目录数据进行挂接，以实现目录数据与档案数字化副本的关联，同时通过档号的形式进行数字化成果与档案原件的关联。

其次，做好电子文件归档与移交工作。严格依照电子文件归档与电子档案管理的相关要求，以电子文件在线归档方式为主、脱机离线归档方式为辅，实时、自动、完整、准确地捕获业务系统生成的电子文件及其元数据并进行归档保存。同时，保证归档的电子文件收集齐全、整理有序、著录规范、元数据合理有效，以利于后期档案资源的组织与整合；加强对电子档案进行检测，确保电子档案的真实、完整、可用和安全。

最后，科学整合档案资源，深度挖掘档案资源信息。根据现实需要与社会公众的利用需求，按照档案资源的内容主题，确立档案资源整合的优先级，以提高资源整合效率；在传统整合方式的基础之上，引入关联数据、内容管理、数字人文及数据挖掘等内容，实现档案资源由低层次、单一化向高层次、多元化的整合方式转变。

第五章　当代档案管理信息化系统建设

档案管理信息化系统建设分为两方面，一方面是档案管理信息系统应用软件的建设；另一方面也包括数字档案室建设、数字档案馆建设、档案网站建设等具体的档案信息化组成部分的建设。档案管理信息化系统建设是档案管理实现现代化的基础和前提，是档案信息资源建设的保障，是成功建设各项档案应用系统的先决条件，档案管理信息系统建设的优劣，直接影响档案管理现代化的成败和整体水平。本章则围绕档案管理信息系统的研制、数字档案室建设、数字档案馆建设、档案网站建设等内容展开研究。

第一节　档案管理信息系统的研制

一、档案管理信息系统的概念

档案管理信息系统是指各机关、团体、企事业单位和各级各类档案馆用于对档案信息和档案实体进行辅助管理的各种类型的计算机应用软件系统。

档案管理信息系统建设是按照档案事业发展的规划、标准和档案工作的实际需求，应用计算机基础设施，开发和使用档案管理应用软件系统的过程。

档案管理软件的开发和使用，要符合“规范、先进、实用”的质量要求，既要满足当前工作的需要，又要兼顾将来技术发展的趋势。

档案管理信息系统的应用价值来自应用系统的各项功能。其功能是指计算机应用软件系统辅助档案工作的某种能力，实质上是档案工作职能在计算机平台上的延伸。由于档案工作职能包括对档案的宏观管理和微观管理两方面内容，因此，档案管理信息系统也相应分为两大类，一类是档案宏观管理信息系统，用于辅助档案工作者对整个档案工作的管理，又称“档案行政管理系统”，包括统筹规划，组织协调，统一制度，监督、指导和检查等档案工作的组织建设和事业管理。这类系统的建设主体主要是各级档案行政管理部门。另一类是档案微观管理信息系统，又称为“档案管理业务系统”，用于辅助具体的档案管理业务工作，包括档案的收集、整理、鉴定、保管、统计和利用等。这类系统的建设主体主要是各级各类档案馆（室）。鉴于机关档案室兼有上述两项职能，档案室信息系统应当兼有档案行政工作和档案管理业务功能。

二、档案管理信息系统的开发

档案管理信息系统的开发需要应用软件工程的原理和方法。软件工程是指导计算机软件开发和维护的工程学科，是采用工程的概念、原理、技术和方法来开发与维护软件的方法。该方法将任何软件产品从形成概念开始，经过开发、使用和不断增补修订，直到最后被淘汰的整个过程看作一个生命周期。该生命周期可以划分为若干相互区别又相互联系的四个阶段，即系统分析、系统设计、系统实现和系统运行维护。每个阶段都有相互对立、具体的任务，都要形成规范的文档，每阶段工作既要以上个阶段工作的成果作为依据，又为下阶段的工作创造条件。每阶段工作结束都要从技术和管理两方面进行严格的审查，若发现前阶段有错，则需要返回前面的阶段进行整改，由此形成软件开发的规范化、高效化工作流程。以下主要介绍软件应用软件工程原理开发档案管理软件的方法。

（一）系统分析

该阶段任务是确定系统的总目标，即解决系统应当“做什么”的问题。系统分析是系统开发的起点，决定系统设计的方向，此项工作由项目开发小组中的系统分析员实施。系统分析员是系统开发的高级人才，应当擅长档案管理业务和计算机技术，具有将两者有机结合、宏观策划、微观布局的能力。系统分析的主要任务如下。

1. 开展调研

由项目发起者或建设方开展初步的内部需求调研和外部市场调研，内部调研的对象主要是有关档案工作的领导、业务骨干和用户，调研他们对档案工作和档案信息的需求。外部调研主要了解信息技术发展的现状和趋势及档案信息化的经验和规律。通过调研，提出系统设计的目标、任务、规模、实施路线，并分析项目风险、预测实施效果、安排工作进度、提出费用估算包括财力、人力、设备等，最后形成《开题报告》或《计划任务书》，报决策者审批。

2. 组织开发小组

依据项目目标组织研制小组，确定该小组的负责人和成员，其成员一般应当包括专职档案专业人员、计算机专业人员、档案用户代表等。如果该项目采用外包设计的话，开发小组中还应当包括外包服务商有关领导和技术人员。

（二）系统设计

该阶段任务是对《用户需求说明书》中的各项内容提出具体设计方案，即解决系统应当“如何做”的问题。系统设计分概要设计和详细设计，其任务由系统分析员牵头的设计团队来承担。

1. 概要设计

①采用结构化设计方法。将整个系统按照层次和功能的逻辑关系，自上而下逐步细化为功能单一、相对独立的计算机程序模块，以便于系统的编程、调用、调试、扩充、测试和维护。

②绘制功能模块图。绘制功能模块的层次结构，并以文字具体描述各模块的功能。功能模块图是描述软件功能层次结构的工具，用方框和连线表示软件功能模块之间的层次或网状关系，以及模块之间的调用关系。

2. 详细设计

详细设计是对概要设计的进一步细化，包括数据库结构设计、计算机输入输出设计、用户界面设计、用户代码设计、用户权限设计以及业务流程设计等。最后以模块为单位，编制《系统详细设计规格说明书》，详细说明各子系统和模块的输入设计、输出设计、界面设计数据库设计、代码设计、程序设计语言等。为了说明这些细节，应采用数据流程图的描述方法。用户操作界面友好是系统性能的重要指标，要求做到操作方法简便，操作提示准确，用户一看就懂、一学就会。

详细设计是软件开发过程中的一个重要阶段，它进一步细化了概要设计的内容，并涵盖数据库结构设计、计算机输入输出设计、用户界面设计、用户代码设计、用户权限设计以及业务流程设计等方面。以下是对这些方面的具体说明。

数据库结构设计：根据系统的需求，设计数据库的结构，包括表的设计、关系的定义、索引的创建等。

计算机输入输出设计：针对系统的输入和输出进行设计，包括输入数据的验证、输出数据的格式化等。

用户界面设计：设计系统的用户界面，使其简洁、直观、易于理解和操作。

用户代码设计：编写用户代码，实现系统的各项功能。

用户权限设计：设计用户权限系统，确保系统的安全性。

业务流程设计：根据系统的需求，设计业务流程，包括业务流程图、工作流程等。

为了详细说明这些细节，可以采用数据流程图的描述方法。数据流程图是一种图形化工具，用于描述系统的数据流动和处理过程。通过绘制数据流程图，可以清晰地展示系统的各个组成部分以及它们之间的数据流动关系。

（三）系统实现

该阶段任务是将设计结果转换成具体的系统。主要指软件的编制和测试，硬件设备的购置与安装、软件的实现、人员配备和培训等。

1. 编写程序

为了设计应用系统，首先要购置或配置计算机软硬件及网络系统，安装数据库系统和软件编制工具，然后用工具软件写出正确的程序模块，即应用软件，这项工作也被称为“编码”。程序模块设计要做到结构良好、清晰易读、容易维护。

编程工作一般由计算机专业人员来完成。编程要尽量选用第四代语言、第五代语言和自动化程序设计工具，以降低程序开发成本，提高程序质量，缩短开发周期。

2. 软件测试

程序设计后须进行必要的测试。测试是为了发现程序中的错误并进行改正，以保证程序的正确性和可靠性。测试分为以下 3 点。

①模块测试，即逐个模块地测试，改正程序的局部错误。

②联合测试，即按功能结构设计的要求，测试功能调试模块之间的接口。

③验收测试，即按《系统详细设计规格说明书》进行整体联合测试，对系统进行正确性、可靠性、稳定性、响应时间、输入输出界面等综合测试，测试后形成《测试报告》。

3. 鉴定验收

(1) 鉴定验收的内容

主要从系统运行的结果来考察系统是否达到预期的设计目标。具体要对以下内容做出评价：第一，是否全面达到预定的系统目标；第二，是否符合系统的各种效益指标；第三，系统开发文档材料是否完整齐全；第四，系统存在哪些问题，需要采取什么改进或补救措施。

(2) 鉴定验收的条件

鉴定验收前系统需试运行半年以上，然后请系统的用户对系统的功能、性能、稳定性和实用性做出评价，并写出《用户使用报告》。

（四）系统运行、维护与评价

1. 系统运行

档案管理信息系统建设要改变重系统开发，轻系统运行和维护工作的片面认识。因为系统运行是实现档案信息化实用价值的关键环节，是测试系统质量的实战环境，是培养用户档案信息意识和实际操作技能的最佳平台①。

新系统的运行取代原有的手工管理或旧的应用系统，会给操作流程和操作人员工作职责带来新的变化，也会遇到许多新的问题。为此，操作人员需要通过精心组织实施，化解问题，确保系统正常运行。运行组织工作包括以下内容。

①制定档案管理信息系统操作制度，明确档案管理信息系统运行的分管领导、主管部门；明确系统操作人员的职责和操作要求。

②数据库建设。对以前没有建立过档案管理信息系统的单位，需要对现有传统档案进行目录数据录入或纸质档案数字化工作；对以前建立过档案管理系统的单位，则需要将原有的档案数据迁移到新的数据库中。

③用户操作培训，提高用户操作技能。

④对系统运行中出现的问题，及时做好记录，以便为系统维护提供第一手材料。

2. 系统维护

系统维护是对运行中的系统进行不断地修正和改进，以适合用户实际需要的

---

① 郑亚静．计生档案管理信息化建设中现状分析及对策［J］．黑龙江史志，2014（7）：90.

工作。系统维护包括以下内容。

①改正性维护，即为改正程序设计中的错误而进行的维护。

②适应性维护，即为适应程序运行环境的变化而进行的维护。

③扩展性维护，即为满足用户在使用中提出的意见和更高的要求而对系统进行的改进或功能、性能上的扩展。

3．系统评价

系统评价是为了了解系统当前的功能、性能的适用性、可靠性，为系统验收和下一步改进提供依据。评价的指标主要包括以下内容。

①从档案工作角度评价管理指标，即系统对档案工作业务需求的满足程度，对档案工作现在和将来的影响程度，如在提高工作效率、业务能力、服务质量、科学化和规范化管理水平等方面取得的效果。

②从计算机系统角度评价经济性和技术性。经济性即投入、产出分析，包括取得的经济效益、社会效益，直接效益、间接效益等；技术性即操作界面、响应速度、系统的可靠性处理的灵活性等方面的技术性能。

三、档案管理信息系统的建设

（一）档案管理信息系统建设的问题

1．文件管理系统相对比较混乱

档案管理基本遵循的机制和制度没有得到有效优化，导致部门档案缺乏统一的管理标准，现有档案资源的保护和使用缺乏详细规定。经常会发生档案损坏、丢失等不当现象，使得档案参考的实用价值大大降低。

2．管理人员能力有待提高

档案管理人员由于不熟悉现代技术的使用，在日常管理中无法更好地适应档案的信息管理，在很大程度上制约了档案信息处理的效果。

3．电子文档管理有待完善

文档的电子版本与纸质文档的物理载体同时存在，尤其是鉴于对电子文档修改和销毁的随机性的不确定性认知，人们往往会更加信任纸质文档。所以，电子文档的整理归档工作一直没有得到广泛的重视，电子文件未按规定收集、整理、归档的情况较多，销毁的随机性较大，电子文档管理比较混乱。

4. 检索方式相对单一

如今，在档案管理内部数据信息集成的过程中，用户使用的数字化集成方法还比较原始，这种信息整合过程相对比较缺乏有机的操作和安排，所以在文件管理中很难有效统一数字资源结构信息，并为我们提供有效的查询和读取路径。

（二）档案管理信息系统建设的策略

1. 健全和完善档案管理机制与流程

正所谓“无规矩不成方圆”。在建设档案管理信息系统时，如果没有健全的管理制度与流程，档案信息系统开发与建设工作很难保质保量地完成。因此，政府行政部门要重视档案管理机制与流程的健全与完善，在对档案信息管理系统进行科学规划与设计的基础上，不断优化档案建设的工作内容与环节。由于行政审批档案涉及的部门较多、内容较多和数据量较大，为了能够保障信息的完整性、数据的共享性以及档案的安全性，在建设档案管理信息系统时，要与多部门工作人员相结合，从程序的开发与系统建设上统一技术规范与指导，使得各部门和各级别的行政审批工作能够在统一和规范化的平台中进行，在系统中实现行政审批档案信息的归集与整理，按照行政审批档案的类别和时间等进行自动化归档，便于后期使用者的使用。

不得不说，档案的安全管理也是管理信息系统需要考虑的重要环节，从制度上做好档案的使用管理规定，从系统建设上应用加密技术与备份技术，使得档案管理信息系统的建设更为全面和科学，提升档案管理效率，为行政审批档案的高效利用提供更多便利。

2. 加强档案信息化系统的测试和维护

在档案管理信息系统建设过程中，档案系统合理规划应从档案信息化系统测试以及档案信息化系统维护方面展开。

一方面，应该做好测试工作。一些单位急于求成，刻意缩短信息系统开发的时间及降低生产成本，因而导致信息系统没有得到充分测试就拿来使用，导致信息系统在实际工作中存在一些漏洞，无法使正常的工作需求得到满足。所以，在档案管理信息系统开发的过程中要进行多次测试，确保信息系统的流畅性，及时解决存在的问题。信息系统测试这一过程是非常漫长的，测试阶段占用时间较长，耗费的人力、物力较大，对于开发较大规模的档案管理信息系统，系统测试的工作量就要占到整个软件开发工作量的 50%。所以，在信息系统开发过程中尤其要注意系统的测试工作，才能顺利进行档案管理信息系统建设工作。

另一方面，档案管理信息系统的维护工作也非常重要。在档案管理信息系统的建设过程中，系统维护是非常重要的一环。随着系统的使用年限增加，维护工作量也会逐渐增加。为了确保系统的稳定性和持久性，配置适当的系统维护人员是非常必要的。系统维护人员需要对系统进行定期的检查、清洁和保养，以确保系统的正常运行。他们需要了解系统的内部结构和运行机制，能够及时发现并解决系统出现的问题。此外，系统维护人员还需要对系统的软件和硬件进行更新和升级，以适应不断变化的业务需求和技术环境。通过配置适当的系统维护人员，可以有效地延长档案管理信息系统的使用年限，提高系统的稳定性和可靠性。这也是保证档案管理信息系统建设成功的重要支撑。

3. 积极探索档案管理信息化的路径

一般来讲，档案管理人员需要掌握复印机操作、光盘刻录、图像扫描、互联网多媒体等信息技术。管理人员应大胆尝试，积极探索信息系统建设的新途径、新方法，逐一引入档案信息资源的共享与传播、查询与检索、处理与反馈等先进技术，共同建立档案信息数据资源在线模式共享平台。

第二节　数字档案室建设

一、数字档案室建设的意义

第一，打破“信息孤岛”，实现数字档案资源的有机整合。数字档案室系统与 OA 系统及各业务系统的对接，可以有效地解决当前电子文件管理面临的许多问题。一方面，通过集中统一、规范管理各类档案资源，可以方便地对电子文件进行检索、查阅、利用和管理，避免了文件分散、难以获取的问题。另一方面，数字档案室系统可以与 OA 系统和各业务系统进行数据交换和共享，实现了不同系统之间的信息互通和协同工作。这可以有效地解决信息孤立的问题，使得不同部门之间的文件信息可以共享和利用，提高了工作效率和协作效率。

第二，改变传统档案管理模式，实现档案管理信息化。数字档案室的建立使得电子文件的管理实现了全生命周期的信息化和自动化，有效提高了档案工作的效率。通过数字档案室系统的收、管、存、用功能，可以实现电子文件从生成、审批、定稿、归档到利用的全过程管理。

第三，开发档案信息资源，提升档案服务水平。打破传统档案利用时间空间的限制，对整合后的档案资源进行深层次加工和知识化组织，使“静态档案”转换为“动态信息”，发挥档案的重要价值，为档案利用者提供个性化服务，同时为企业的发展提供决策依据。

二、数字档案室建设的要求

（一）硬件要求

数字档案室建设的硬件要求包含很多内容，包括专门的办公场地，该场地能够实现室藏纸质档案的数字化加工；专业化服务器，该服务器的主要作用是信息系统中数据信息的存储、管理与应用；可以应用在不同用户的输入、输出设备，如身份证读取器、打印机等；能够应用在纸质、照片等传统档案载体，档案数字化加工环节的数码相机、扫描仪等；光片刻录机、磁带机等，此类设备主要是应用在数据备份、数据归档移交环节，实现对大量数据信息的存储、查询以及利用，推动后续工作的有序开展。

（二）软件要求

数字档案室建设的软件要求主要包括选购主流操作系统，或者相关单位可以结合自身的实际情况，开发出稳定性较强、安全性较高的主流操作系统。一是要保证选用的数据库管理系统能够符合单位档案信息管理标准；二是合理选用扫描软件、图像处理软件等，使档案资料管理系统与办公自动化系统之间实现有效衔接。

（三）数字化标准要求

在对相关标准进行加工、整理、管理时，严格遵守相关规定是非常重要的。以国家档案局《文书类电子文件元数据方案》（DA/T 46—2009）为主要参考依据，可以为档案归档、档案信息存储等工作的顺利开展提供有力保障。通过遵循这一标准，我们可以确保对档案信息的有效管理，包括对元数据的规范化和标准化处理。这将有助于确保档案信息的完整性、可靠性和可查询性，满足各种档案工作的需求。此外，遵循这一标准还可以提高档案管理的效率和准确性，降低因操作不当或管理不规范导致的风险。通过对档案信息的规范化管理，我们可以更好地满足相关法规和政策的要求，更好地服务于社会和公众。

三、数字档案室建设的标准

为保证数字档案室建设工作的有序开展，国家档案局颁布了一系列的建设标准，提出了多方面的建设要求，分别为总体要求、管理系统功能要求、应用系统开发与服务平台构建、数字档案资源建设以及保障体系。通过对数字档案室建设的原则、内容、要求、步骤、目标等基础性内容的阐述，要求管理系统必须具备收集、管理、保存和利用功能。除此之外，资源的建设内容必须涵盖电子文件接收、资源整理、档案数字化以及建立数字档案资源库，有针对性地构建安全保障和标准示范体系。

四、数字档案室建设的内容

企业数字档案室建设是一个深入细致的过程。这就要求在建设前要先做好规划工作，理论与实践相结合，制订明确的规划。在具体落实的过程中，要有翔实的实施步骤。在建设初期，要将重点工作放在基础设施上，保障后续档案的利用和开发；在建设中后期，要将重点工作放在完善基础功能上，尽快实现档案的数字化共享。

（一）基础设施建设

数字档案室建设需要现代化的设施设备做支撑，进行数字化加工的计算机、扫描仪等操作设备，硬盘、光盘、磁盘、服务器等存储设备，确保机房安全的消防设施、防盗监控与温湿度调控设施，以及进行档案信息网络查询利用的企业局域网等，改造已有的设施设备，添置新的设施设备，使其更好地满足数字档案室的建设要求。

（二）管理系统建设

通过档案管理系统的数据接口，采集各部门的各种类型档案信息数据，形成档案的目录数据、内容数据，并对档案信息数据进行检测验证。档案管理系统具有档案业务管理基本功能，对档案室的各类档案信息资源的收、管、存、用进行全过程管理。设置权限管理，利用者按照权限可以对电子文件进行浏览、下载及打印。档案管理系统应具有档案信息发布、资源共享、查询利用的功能。

（三）数字资源建设

数字档案资源是企业数字档案室最有价值的财富。要加快推进企业馆藏纸质档案、音像档案、实物荣誉档案的数字化工作，在数字化加工中，严格执行标准规范，保证数字档案资源质量良好，安全可用可靠。《纸质档案数字化规范》（DA/T 31−2017）和《企业数字档案馆（室）建设指南》是指导数字档案室建设的技术规范和标准，保证电子档案归档种类齐全，归档渠道畅通，不遗漏各部门应归档的各类电子文件，做到电子档案应归尽归，应收尽收。

（四）制度规范建设

制度建设是数字档案室建设的基础性工作。如今，相关的国家标准规范和技术管理文件用来指导规范数字档案室的建设工作，推动企业数字档案室的建设。结合企业数字档案室建设特点，制定各项管理制度，如电子档案利用制度，数字档案室人员岗位职责等，以规范化、制度化推进企业数字档案室建设。

五、数字档案室建设的挑战

（一）归档边界模糊化

一是重新定义归档边界，传统归档边界是业务部门向档案部门完成移交即归档。在数字化转型的背景下，OA、PDM 等业务系统移交的电子文件处于预归档状态，还需要在数字档案室中完成有序化整理后再归档。二是重新抉择归档模式，体现在企业对电子文件“单套制”归档还是“双套制”归档仍然摇摆不定；在数字档案室阶段要验证和解决单套制所面临的电子文件规范管理问题和电子档案长期保存问题。三是归档对象不再具有唯一性，企业前端业务系统归档策略是将一份电子“复制件”归档到电子档案管理系统，相比于传统的档案室，数字档案室中的档案资源将不再具有唯一性。

（二）推动力量不足

一是数字档案室是企业数字资源的支撑与后盾，但企业领导没有充分认识到数字档案室建设的重要性，经常会将更多的注意力放在前端业务系统的使用上，忽略了后端数据的归档、数据保管的安全性和可靠性，导致对数字档案室建设的支持力度不够。

二是档案部门欠缺推动档案工作变革的决心与魄力，一些档案部门只注重档案的基础工作，忽略了运用信息化方法提高档案管理水平；一些档案部门没有认识和把握档案数字化转型的趋势，战略谋划能力和转型推动能力十分缺乏。

三是一般档案部门忽视高素质、复合型人才的引进，或者引进后也容易出现人才流失问题，导致策划、推动企业数字档案室建设的人力资源不够。

（三）对长期保存和备份的思考不够

一方面，一般企业没有全面思考电子档案安全存储、长期有效性等问题，如三维数据长期有效保存、数据安全存储等问题，很多关键性技术问题都有待解决。

另一方面，企业没有制定完善的数字档案室异地备份措施，很难在实践中有效落实。企业考虑知识产权、安全保密以及经费投入等因素，通常在电子档案异地备份上采取保守谨慎的态度，数字档案室数字档案资源的安全备份不足。

六、数字档案室建设的策略

（一）加强软件与硬件平台建设

在数字档案室建设工作落实期间，相关工作人员要对软件与硬件平台建设给予更多的重视。在具体建设工作中，要做好以下两点。

①要为建设工作配备计算机网络硬件设备设施，基于档案信息资源的安全，

将计算机与外部网络进行连接，从而能够对局域网进行创建。计算机网络设备设施可以为数字档案资源收集整理、存储保管工作提供更多的便利。在配备硬件设备的过程中，要与单位的实际情况相结合，遵循节约、便捷的原则，可以配备数码摄像机、相机、计算机终端等。如果单位的数字化档案信息资源较大，并且对于安全性的要求较高，那么，可以对在线存储设备或离线存储设备进行设置。

②创建数字档案室软件平台。在信息化建设期间，数字档案管理软件平台是档案管理的重点，也就是说，管理人员在档案管理过程中会使用相应的软件平台，不仅可以为管理人员相关工作的落实提供保障，而且可以使工作量大大降低，使工作效率得到极大的提升。档案信息采集、管理工作以及档案信息的使用，都可以依托软件平台。如果单位已经进行档案电子化建设，针对此类单位可以配备符合数字档案室的软件系统，为单位落实后续档案管理相关工作奠定良好的基础。在创建数字档案室软件平台的过程中，会涉及很多不同的环节，包括标准规范建设环节、软件平台设计环节、系统开发环节、系统测试环节等。

由此可见，软件建设是一项复杂工作，单位通常不能直接完成。所以，档案管理部门在这一过程中要充分发挥自身的引导作用，加大人力、财力在软件平台设计、建设环节中的投入，从而使软件平台建设的科学性得到最大程度的保证，并能够对各项工作的高质量开展起到一定的促进作用。

（二）加大数字档案室工作人员的知识管理培训

知识管理模式在企业数字档案室的实行，还需要较高素质的档案工作人员来运行。因此，在知识管理模式下，企业数字档案室要加大对档案工作人员计算机的基本操作、相关软件的知识与技能的掌握、大数据的知识与技能的掌握，以及不同专业类的知识与技能等方面的培训，以此奠定与夯实以知识管理模式来推动企业数字档案室建设管理的人力资源基础[①]。

（三）加强信息技术在数字档案室建设中的应用

档案管理工作的最终目的是利用，数字档案室建设是为了提供更加优质便捷的档案利用服务。在数字档案室建设过程中运用先进的大数据、区块链等技术，不断创新档案利用服务形式，对数字档案资源进行整合及更深层次的开发，满足

① 黄海铿．浅谈档案数字化管理的优势与弊端［J］．兰台内外，2017(3)：30-31.

更多档案利用者的个性化需求，实现档案信息资源的共享，有利于拓展档案服务能力。

随着当今信息化和数字化技术的迅猛发展，数字档案室建设已成为档案管理发展的必然趋势。档案工作者要顺应档案数字化发展的潮流，要改变自己老旧的档案管理思维，积极学习、了解最前沿的档案学知识，拓展思路，紧跟国家档案事业发展的步伐，运用数字档案室建设的先进理念和信息化技术促进档案工作的高效发展。

（四）强化数字档案室建设的管理制度与管理体系

面对数字档案室建设存在的问题，有关部门必须强化与完善档案管理制度与管理体系，并对工作人员的管理目标和管理内容予以明确。按照不同类型的档案数据，采取多元化的数字档案室建设工作。

第一，在完善档案管理制度时，广泛应用先进的信息技术和网络平台，简化档案审批、处理、储存、分类、归纳、应用方面的流程，全面研究和分析社会的需求，从而使档案管理工作的准确性和合理性得到有效提升。

第二，建立科学、合理的激励机制，既要确保工作人员的参与度，又要确保档案管理工作的安全和有序。加大资金的投入力度，为数字档案室的建设提供有力的物质支持。

第三，加强对工作人员的监督，注重工作人员的培训和学习力度，提升其档案管理能力和水平。按照档案管理的工作标准，利用先进的计算机技术实时更新和完善档案系统，降低不良事件的发生概率。

第三节　数字档案馆建设

一、数字档案馆基本概述

（一）数字档案馆的内涵

随着现代科技的迅速发展，我国也逐渐进入了信息化和数字化时代，新技术、新科技不断涌现，并得到越来越多的应用，我国也开始由信息化社会向数字化社会迈进。当前，全国各地都在推进数字经济，各行各业也在研究数字经济，积极利用数字技术推动各项事业实现跨越式发展。档案部门也不例外，也在积极参与数字经济建设，利用数字技术等高新技术建设数字档案馆。

数字档案馆是数字化社会的产物，与数字技术、数字经济是密切相关的，与高新科技是相伴而生的，是档案馆发展的更高阶段和努力目标。国家档案局发布《数字档案馆建设规程》，从官方角度给出了基本概念，即各级各类档案馆为适应信息社会日益增长的对档案信息资源管理、利用需求，运用现代信息技术对数字档案信息进行采集、加工、存储、管理，并通过各种网络平台提供公共档案信息服务和共享利用的档案信息集成管理系统。

（二）数字档案馆的特点和价值

数字档案馆是建立在现代信息技术普遍应用基础上，利用数字化手段，以综合档案信息资源为处理核心，对数字档案信息资源进行管理，通过高速宽带通信网络设施相连接和提供利用，实现资源共享的大规模以至超大规模、分布式数字信息系统。

1. 数字档案馆的特点

数字档案馆的主要特征可以从以下 4 个方面概括。

（1）信息资源的数字化

档案信息资源的数字化作为数字档案馆建设的基础以及主要的管理对象，同时也是数字档案馆的建设关键核心，因为数字档案馆的其他特点都是在此基础上建立的，同时也是数字档案馆区别于传统档案馆的最主要区别。

（2）信息资源传递网络化

数字档案馆是依附于网络存在的，数字档案馆信息传递网络化给数字档案馆提供良好的传输环境。

（3）信息利用共享化

数字档案馆的建成，便于使用者利用档案信息。人们随时随地都可以通过计算机网络系统对相关的档案资源进行查询使用，这种利用的共享化是传统档案馆无法与之相比的。

(4) 馆藏信息容量无限化

数字档案馆是把现代计算机网络技术和数字化等存储技术有效结合，它可以无限增加馆藏信息的容量，可能简单的几张光盘、磁盘或几个小小的U盘就能储存全部的馆藏信息，在一定程度上促进了资源共享目标的实现。

2. 数字档案馆的价值

数字档案馆的建立具有一定的现实意义。传统的档案管理耗费大量的人力和时间，管理效率相对低下。通过数字档案馆的构建，档案管理信息化水平可以得到显著提升，并能确保档案资料的完整性，提高档案管理的服务质量，便于用户使用。最为关键的是可以对传统档案管理中的弊端进行消除，不仅丰富了档案资料的内容，而且拓宽了档案收集和管理的范围。

二、数字档案馆的系统架构

数字档案馆系统架构一般应由基础层、数据层、平台层、应用层、接入层以及标准规范体系六个部分内容组成。

（一）基础层

基础层是数字档案馆系统架构中的核心支撑平台，该层包括机房、供电系统、消防系统、安防系统、温湿度控制系统等设施，确保系统的正常运行和安全性。同时，还包括信息存储计算设备，如主机、存储设备、备份设备等，以及操作系统和数据库基础软件系统，确保数据的可靠存储和处理。此外，还包括网络通信设备，如局域网、政务外网、政务内网、互联网等，以及所需的交换机、防火墙、入侵检测和安全审计等网络安全设施，保障系统的网络通信和安全性。这些设施和设备的安全性和稳定性对于数字档案馆系统的正常运行至关重要。

（二）数据层

数字档案馆系统的数据层是系统架构的核心，它汇集、管理、存储、交互和转换各种类型的档案信息资源。数据层的建设不仅为数字档案馆系统本身提供数据支持，还能向其他部门提供数据共享服务。按照档案部门信息资源的类型和用途，可以建立多个数据库，包括档案资源总库、档案接收库、档案利用库、档案专题库、数字化加工库和长期保存库等。数据层管理的数据类型非常广泛，包括文档、网页、音频、视频、图像、社交媒体数据、邮件等类型的文件。这些数据需要在数字档案馆系统中得到有效的管理、存储和检索。数字档案馆系统的架构需要准备在政务外网、政务内网和局域网等网络环境中部署，所以数据库的设计需要根据需求，在不同网络域中进行规划和设计，具体如下。

政务外网：政务外网接收库、政务外网利用库、馆际共享库、政务服务网归档库。

政务内网：政务内网接收库、政务内网利用库。

局域网：档案资源总库、馆藏档案利用库、档案离线接收库、档案数字化加工库、长期保存库。

为了更好地保证数据的安全，数字档案馆系统架构中各个数据库之间的数据交换方式有所不同，如局域网和政务外网是物理隔离，为了确保安全，数据交换需要手工摆渡，互联网和政务外网是逻辑隔离，通过数据交换平台实现数据交换等。

（三）平台层

平台层指的是基础和通用的平台与工具软件，包括基础组件平台、系统管理平台、报表自定义平台和系统配置平台等应用基础平台。另外，还包括文件格式转换工具、电子文件检测工具、通用格式浏览工具等工具软件。这些平台和工具软件在系统开发中起着重要的作用，可以提高系统的性能和稳定性，同时也能够缩短开发周期，降低系统建设风险。

（四）应用层

应用层是数字档案系统架构最核心的部分，这里将实现数字档案馆系统的所有技术应用，所有数字档案馆具体的应用系统在此汇集，是解决数字档案馆具体问题的关键环节。应用层的系统架构需要在局域网、政务外网、政务内网和互联网等完成，具体如下。

1. 局域网域

主要为档案馆内部提供数字档案资源的“收、管、存、用”等数字档案馆的核心功能，是传统数字档案馆的建设核心，这些活动包括数字档案的离线接收、档案辅助鉴定、档案编研开发、档案数字化、档案查询利用以及数据安全备份恢复等工作。为了支持这些核心功能，数字档案馆通常会使用一系列的应用系统。这些应用系统包括档案接收系统，用于离线接收数字档案；档案管理系统，用于管理和组织数字档案；电子档案长期保存系统，用于长期保存数字档案；档案利用服务系统，用于提供档案查询和利用的服务；档案数字化系统，用于将纸质档案数字化；以及虚拟库房管理系统，用于管理数字档案的存储和访问。这些应用系统的运行和协同工作，可以实现数字档案馆的各项核心功能，并提供高效的数字档案管理和利用服务。

2. 政务外网域

政务外网域是对外实现电子档案互联互通和信息共享的核心区域。主要为各立档单位提供虚拟档案室服务，为政务服务网提供政务服务事项电子文件归档服务，为各档案馆之间提供馆际共享等服务。主要应用系统包括虚拟档案室系统、政务服务网归档中心系统、电子档案移交接收系统、立档单位查询利用系统、馆际共享利用系统等。

3. 政务内网域

政务内网域是数字档案馆系统涉密电子档案数据传输的重要途径。主要为各立档单位提供涉密数字档案信息的接收、保管和利用等服务。主要应用系统包括虚拟档案室系统、电子档案移交接收系统、立档单位查询利用系统等。

4. 互联网域

互联网域是数字档案馆系统公开档案提供征集、利用和展示的窗口。主要为社会公众提供公开档案信息查询、档案征集、档案展示等服务。主要应用系统包括手机查档系统、互联网信息采集系统、档案展示系统和档案征集系统等。

（五）接入层

接入层是指数字档案馆系统服务的用户和对象总和。数字档案馆的系统将通过接入层向档案馆内部工作人员、立档单位人员、社会公众提供服务，角色包括领导、档案管理员、利用人员、系统管理员等，并在权限允许的前提下实现相关的数据访问和应用操作功能。

（六）标准规范体系

确保数字档案馆系统的正常运行，需要建立一套与之相适应的标准规范和运行保障体系。以下是数字档案馆系统建设中需要考虑的一些标准规范和运行保障体系。

技术标准：制定适用于数字档案馆系统的技术标准，包括数据格式标准、数据交换标准、安全标准等，以确保不同系统之间的互操作性和数据的一致性。

文件命名规范：制定文件命名规范，以便于数字档案的组织和检索。文件命名规范应考虑档案的属性、内容和结构，同时遵循相关的行业标准和数据存储的最佳实践。

数据质量控制：建立数据质量控制的机制，确保数字档案的准确性、完整性和一致性。包括数据清洗、校验和验证等环节，以及定期的数据质量检查和报告。

安全保障体系：建立数字档案馆系统的安全保障体系，包括权限管理、身份验证、访问控制等措施，以保护档案的机密性、完整性和可用性。同时，建立应急响应和灾备体系，以应对安全事件和突发情况。

业务流程规范：制定数字档案馆的业务流程规范，定义不同环节的工作操作和责任，以确保数字档案的规范化管理和流程的顺畅进行。

培训和培养计划：为数字档案馆系统的运行和管理人员提供培训和培养计划，提高其技术能力和档案管理水平，以更好地应对数字档案管理的挑战。

通过建立以上的标准规范和运行保障体系，可以提供数字档案馆系统的稳定、高效和安全的运行环境，实现电子档案的规范化管理和互联互通，提升数字档案馆的服务能力和价值。

三、数字档案馆建设的问题

（一）数字化资源建设质量不高

各档案馆都比较重视数字资源建设工作，并且许多档案馆的文档数字化率得到了显著提升。然而，在实际工作中，由于存量文书档案数量较大，一些档案馆的馆藏文档数字化率相对较低，此外，部分档案馆的数字化项目启动较早，早期的一些数字化成果在著录规范、图像扫描质量、归档方式等方面均不够成熟，导致部分数字化成果质量较低，很难直接进行利用。

（二）档案智慧化程度有待提高

人工智能、大数据等新技术的应用是档案“十四五”规划中的重要部分。浙江省、甘肃省、河南省、福建省等地档案馆均提出了建设智慧型档案馆，加强人工智能、大数据等新技术的应用。人工智能技术在档案数字化、全文检索、开放鉴定、档案修复、检索推荐、档案编研等方面都有着广泛的应用场景，可以极大提高人员工作效率，但目前的数字档案馆对于人工智能等智能技术的应用较少，还存在较大的运用前景和空间，档案工作的智慧化程度仍有待加强。

（三）数字档案管理人才不足

任何工作的成功都需要有高素质的人才来支持和推动。在档案馆领域，特别是因为科技的快速发展，数字技术的掌握变得尤为重要。如果没有足够的高素质人才，特别是掌握数字技术的人才，就很难实现数字档案馆的建设和发展。传统的档案管理人员对于传统的档案管理业务可以应对，但是面对数字档案馆的建设这个新任务，他们可能会面临一些挑战。因此，对于建设数字档案馆来说，拥有掌握高新技术，特别是数字技术的高素质人才至关重要。缺乏这方面的人才，很可能会对数字档案馆的建设和发展产生负面影响。

四、数字档案馆建设的策略

（一）引入 IT 与互联网等技术

在数字档案馆建设中，计算机存储和多媒体技术属于不可或缺的重要前提，网络、数据库等技术奠定了档案数字信息传播、共享及利用的基础。因此，需要重视 IT 与互联网等技术的应用。做好高清扫描、数据库检索等技术的引入，并在具体的工作中付诸实践。同时，要结合互联网思维传播并利用数字化档案，帮助公众便捷获取档案信息，并引领他们参与档案信息的利用。此外，要做好档案质量控制反馈，打造与用户更贴近的服务，无缝衔接档案数值与档案信息传播[①]。

① 朱英，吴一敏，王彤．建设数字化档案馆的意义与对策［J］．机电兵船档案，2019(5)：74-76.

（二）高度重视数字档案馆建设

任何工作都需要思想先行，正确的思想会带来科学的实践。数字档案馆建设也不例外。为了更好地进行数字档案馆建设，思想认识十分重要，只有提高对数字档案馆建设的认识，行动才能更加自觉，落实才能更加到位，成效才能更为显著。

所以，在数字档案馆建设的过程中，提高思想认识，充分认识数字档案馆建设的战略地位，把数字档案馆建设放到数字经济的重要组成部分，这样才能落实数字档案建设。

（三）不断丰富数字档案馆资源

充足的数字档案资源是做好数字档案馆建设的基础和前提。只有具备了丰富的数字档案资源，才能满足数字档案馆在提供服务、进行管理等方面的需求。在纸质档案数字化方面，尽管我们已经取得了一些进展，但是还需要加大力度，尽可能地将全部纸质档案数字化。这是一个需要时间和投入的过程，但是只有这样，我们才能更好地保存和利用这些珍贵的档案资源。同时，接收更多的数字档案资源进馆也是非常重要的。不仅要接收纸质档案，更要接收更多的数字档案资源。这样不仅可以满足数字档案馆对数字档案资源的需求，而且可以提高数字档案馆的服务质量和效率。

（四）重视档案馆内人才队伍建设

新时代背景下数字档案馆肩负着构建档案公共利用和服务体系的重要使命，而将档案信息技术转化为档案产品和服务需要专业的人才队伍，因为体制、编制等方面的原因，档案馆专业技术人才压力一直得不到缓解。各级档案馆需要立足当前，着眼将来，多措并举化解此类难题。

1. 注重自有人员的培养

统筹用好馆内干部，把敢于负责、勇于担当、善于作为、成绩突出的干部放在数字档案馆的相关岗位上；鼓励中层以上干部参加上级部门组织的信息化和数字档案馆理论学习，及时掌握最先进的理论，站在时代的前沿，高瞻远瞩地部署和规划数字档案馆建设的目标和方向；组织数字档案馆相关工作人员参加专业技术培训，确保熟练掌握信息采集、平台使用、后台管理等基础操作，同时对于服务流程、服务事项、工作规范做到“入脑、入心、入行”，将馆内的人力资源的力量发挥最大化。

2. 重视专业人才的引进

一方面，档案馆是参公事业单位，招聘只有公务员和事业编考试两种形式，招考条件受组织部门限制，难以招录专业对口，技术过硬的专业人才；另一方面，档案专业相对比较冷门，就业面也比较窄，档案馆因为薪资、晋升等问题对人才吸引力较弱，所以档案馆可以向当地组织部门争取，通过与高校合作，定点培养的方式，委托当地专业对口的高校定向培养档案馆所需人才，形成学习实践、工作、再教育的人才流动闭循环。

3. 加强高科技人才的共享

随着数字档案馆的迭代升级，新兴技术的应用开发会成为常态，对高尖端人才的需求也会加大，要求档案馆申请专门经费聘用专职计算机工程师也是不现实的。当前，各地区的人事组织部门都在推进“不求为我所有，但求为我所用”的“人才共享”工作，档案部门可以借此探索“人才共享”机制，从而打破人才流动的壁垒，化解数字档案馆技术推广应用的困境。

（五）注重数字档案馆建设中的信息安全

在数字档案馆建设中，安全问题不容忽视，一旦档案信息安全得不到保障，就会威胁企业发展。要采取一切措施从根源上保证档案资料的安全性和完整性。为了避免系统受到外部的入侵和干扰，有必要及时对系统进行升级和优化，防火墙、杀毒软件的质量要高，保证系统能够安全高效运行。首先，制定严格的保密制度。设置登录密码，在登录时进行身份验证，依据文件涉密的等级程度来设置访问权限。其次，加强安全测试工作。对于安全等级测评工作要重视，为整个系统的运行提供安全的环境。再次，完善备份机制。对于档案信息要留有备份，避免出现档案资料损毁或丢失的情况。最后，档案管理人员一定要熟练掌握岗位工作所需的先进技术，按照规范操作执行，发挥技术优势，全面落实好档案数字化管理的建设工作。

（六）做好数字档案馆基础设施的优化

基础设施的优化在数字档案馆建设中更为重要，需要依据数字化档案规模做好包含服务器、嵌入式网络存储器及交换机等设施的配置。同时，刻录机及扫描仪等备份设备及不间断 UPS 电源的配置也是必不可少的。在上述设施中，服务器的目的是满足存储、查询及扩展档案的需求，所以必须具备高数据吞吐能力、高性能及高可靠性等特征；作为档案管理及客户访问使用数字档案终端设备的计算机，也需要着重对其硬件属性进行优化；扫描仪等设备是实现数字档案的必要条件，通过平板扫描仪等设备的应用为档案原件提供可靠的保护。

第四节　档案网站建设

档案网站承担着档案部门各项工作的重要职责，不仅是档案部门宣传档案工作、发布信息的网络平台，而且是档案部门提供档案信息资源服务的重要窗口。

一、档案网站建设的问题

（一）档案信息资源共享内容更新缓慢

随着现代计算机技术的迅猛发展，网络信息资源也在不断地更新与进步。然而，目前整体情况并不乐观，虽然许多部门已经建立起自己专属的档案部门，但是信息量偏少、内容陈旧，并且不够丰富。档案信息资源管理或共享的过程当中，许多人没有充分认识到档案管理的重要性，存在主要界面制作相对粗糙、相关信息难以查询、长期不更新以及对现有资料上传不及时等问题。

（二）检索工具不够完善

20 世纪 90 年代，计算机技术的发展将我们带入一个新时代，档案部门的管理对于计算机技术也有了一个大致的把握，将计算机技术融入档案管理建设。在现代档案网站管理过程中，检索工具的多样化和灵敏度完全可以通过计算机技术的发展而不断多元化。

目前，很多档案网站的检索工具仍然存在一些问题。一些检索工具只有简单的检索符号，没有基本的搜索框，这给用户检索带来了很大的不便。此外，很多档案网站的模糊检索功能也不够完善，导致用户检索的结果往往只是目录，而不是具体的档案文件。有些网站利用了计算机技术，但是由于过于专业性，难以让普通用户操作。这些情况都影响了用户对档案网站的利用效果。因此，我们需要进一步完善档案网站的检索工具，提高检索工具的用户友好性，让用户能够更加方便、快捷地检索到所需的档案文件。同时，我们也需要加强档案网站的建设，提高网站的交互性和用户体验，以满足公众对档案利用的需求。

（三）信息孤岛现象严重

公共部门的档案管理网站之间，对于信息档案应有相互的了解和储备。特别是信息化技术的快速发展，双方之间的交流不仅限于电子邮件或相关的交流媒介。然而，目前来看，各地之间自行建立了相关的信息档案网站，但并没有统一的管理规划，很多管理数据只有单一标准，没有其他类似进行参考，不能有效保障内容的准确度；并且各地信息档案数据库之间的数据种类和数据结构没有进行交互和利用，容易形成“信息孤岛”。随着现代计算机水平的迅速发展，方便了彼此间的信息交流，但作为档案馆和网络的交叉点，档案网站并没有形成应有的网络体系。

（四）没有和公众之间互动

档案网站建设的一个重要环节是与预期利益相关者进行有效的交流。因为大部分档案管理网站的建设目的是提高公共部门的工作效率，所以主要受益者和主要服务者是公众。然而，在我国，网络档案信息仍在建设当中，还有具体的方案需要完善。相对比较缺乏与利用者之间有效的交流，这使得我们难以充分了解公众的需求和反馈，从而影响了档案网站的建设和发展。在现代科技下，网络作为交流媒介具有强大的交互性，但是这种价值还没有在档案管理和利用者之间得到充分地发挥。因此，我们需要加强与利用者之间的交流，了解他们的需求和反馈，并利用网络的交互性来提高档案网站的建设质量和效率。

二、档案网站建设的策略

（一）规范档案网站网页设计标准

1. 开通无障碍浏览模块

档案网站面向的是全体社会公众，也包括老人和视听障碍者等特殊群体。信息技术给人们带来便利的同时，也会不可避免地对特殊群体在获取信息方面造成一定的困难。

如今，档案网站还处于未建设无障碍浏览通道状态，所以，档案网站设计要对特殊用户的需求加以考虑，利用无障碍技术设计网页的形式和内容，将“无障碍浏览”模块纳入档案网站建设中，实现特殊群体对档案网站的信息无障碍获取。

2. 制定用户信息隐私保护条款

档案网站制定用户信息隐私安全保护政策，一方面是档案网站保护用户信息隐私安全的自律措施，另一方面也体现了档案网站对用户信息隐私的保护意识。

2021 年 1 月 1 日正式施行的《中华人民共和国档案法》第六章第四十七条明确规定档案主管部门及其工作人员不得泄露个人隐私，这说明国家从法律层面上对个人信息隐私进行了保护声明。所以，档案网站应制定和发布识别度高的用户信息隐私保护政策，明确告知用户在注册或利用网站时产生相关个人隐私信息的使用、披露与销毁情况。

3. 允许网站页面多移动设备自动适配

在移动互联网时代，移动设备无所不在，智能手机成为人们随时随地获取信息的主要移动设备。人们会通过智能手机、平板、笔记本电脑等随时随地对档案网站进行浏览，以满足其工作、学术或休闲娱乐的需求，这就要求档案网站页面可以对不同的移动设备进行自动适配，在各种移动设备中都可以呈现最佳的视觉效果。档案网站应避免过度依赖 Flash 插件，优化网页设计，确保网站页面在不同移动设备下都能适配，保障用户不管使用何种移动设备都能够对档案网站进行正常访问，并且能够呈现良好的视觉效果。此外，档案网站维护部门应定期对网站链接情况进行检查，如果发现错误链接，应及时修正或移除，进而提高档案网站的可访问性。

4. 设置多语种切换功能模式

档案网站面向全社会服务全体公众，包括对档案资源有着各种需求的国外用户，多语种功能的实现可以在很大程度上使用户的浏览体验得到提升。目前，世界上使用人数最多的语种可以说是汉语和英语，所以档案网站十分有必要提供中英文转换功能。在少数民族聚集的地方，档案网站提供当地民族语言转换模式，不仅在很大程度上方便了熟悉本族语言的少数民族用户，而且能够更好地传播当地民族文化特色和民族语言档案。

（二）提升档案网站业务建设水平

1. 强化网上办公能力建设

网上办公栏目建设的目标是为有需要的用户提供“一站式”的线上办公服务。在网络广泛应用的时代，网上办公已成为一种必然需求，网上办公能力直接影响用户对档案部门办事服务质量与办事能力的判断。

所以，必须强化网上办公能力建设，具体要从以下两方面入手：一方面，各档案网站要明确自身的业务办理事项。对于仍未建设网上业务办理功能的档案网站，要尽快建设本部门的网上业务办理体系，推动网上办公的落实；对已经提供网上业务办理功能的档案网站，可适当增加相关业务办理项目，进一步扩大网上办公范围。另一方面，将网上预约功能纳入网上办事的范围。网上预约可以帮助用户提前告知档案部门所需档案信息、到馆时间等，档案部门按照预约信息提前准备用户所需档案，大幅度减少了用户因查档等待的时间，起到了便利双方的作用。

2. 注重政策法规分类解读

档案网站公布法规政策，有助于用户了解与档案有关的相关政策法规信息，掌握档案行业发展趋势。政策法规栏目的建设，应当注重栏目的位置布局，设置在网站页面显眼的地方。还要将种类繁多的政策、法规、标准、规定等按照一定的关系进行条理性的分类，同时做到及时更新[①]。

档案网站作为服务性网站，为了让公众能够更好地理解相关法律法规的制定实施，档案部门在公布相关法律法规的同时，应提供由相关部门发布的或自身档

① 吴雁平．我国信息立法趋势与档案法律法规建设研究［J］．档案管理，2012（3）：30-32.

案部门结合公众需求制作的解读材料。通过提供各种形式的解读、详细介绍等，能让用户进一步了解政策法规制定的背景、主要包含的内容、要达到目标任务以及所要解决的问题等，有助于用户快速了解掌握政策法规。

3. 加强档案征集业务模块建设

档案征集是指档案部门通过代管、交换、复制、收购等形式向有关单位、相关部门、个人征集散存在社会各处的珍贵史料档案。

档案征集是抢救散存在社会各处的珍贵档案资料的重要途径，在丰富馆藏资源内容、优化馆藏结构方面起到了积极作用。首先，提供档案征集的相关指导性文件，如《各级各类档案馆收集档案范围的规定》，有助于用户理解档案征集工作在国家层面的相关规定，从而放心参与到征集工作中。其次，说明本馆的征集公告、征集方法等有关征集事项的具体内容，使用户明白可以上传什么类型的档案、如何上传，方便用户按征集说明进行捐赠。再次，促进在线征集板块的建设，方便有捐赠意愿的用户自行上传珍贵档案史料，足不出户即可以在线捐赠。最后，将征集到的经捐赠者同意并可公开的档案资料在网站上进行展示，并对捐赠者给予适当奖励，形成良好的激励机制。

4. 拓展公众参与栏目建设

社会公众参与度不高、互动少是档案网站普遍存在的问题。从目前评估结果看，档案网站在公众参与栏目的建设上，“政务咨询”功能欠佳，“自媒体建设”较差，因此要从“政务咨询”和“自媒体建设”两方面拓展公众参与栏目建设。当网站用户在浏览网站过程中遇到无法解决的问题时，会通过政务咨询或网上留言方式向网站工作人员寻求帮助，档案网站工作人员应及时主动回复用户提出的咨询问题，以解决用户疑问。档案网站可以充分利用网络社交媒体，作为公众参与的新方式。

随着互联网的发展，手机用户激增，网络社交媒体成为社会公众日常沟通交流的普遍方式之一。档案网站应开设社交媒体交互栏目，让自媒体交互栏目的建设在更大程度上普及，成为加强用户与网站之间、用户与用户之间的交互、维系用户关系的重要方式。

（三）优化档案网站的服务质量

1. 吸纳相关专业人才

先进的科学技术确实能从某些方面解决档案网站在信息服务过程中所遇到的部分问题，但基于长久发展目标，档案馆网站还需要聘用专业人才进行管理和维护，他们不仅是学习过档案专业知识的理论家，还是具备一定计算机技术的复合型人才。既能帮助优化档案馆网站的资源配置，又能从实践中汲取经验拓宽档案馆网站的信息服务道路，使档案馆信息服务的类型和内涵都随着时代进步而不断扩充。

2. 秉持“以人为本”的理念

导航是用户快速查找和获取相关档案信息资源最重要的工具，好的导航属性对线上服务尤为关键，导航设置合理可以帮助用户更快速、便捷地浏览网站，获取有用信息。导航的清晰性、易用性、有效性和醒目性都是档案网站为用户提供所需资源的基本保障。交互的友好性与有效性会直接影响用户对档案网站服务质量的判断，良好的交互过程会让用户身心愉悦，进而对档案网站服务品质感知有良好印象。当前，档案网站对用户交互重视程度远远不够，互动欠缺、回复不及时等现象普遍存在，用户易产生抱怨和不满。因此，线上服务必须重视与用户沟通交流，不能因为“看不见用户”就对其置之不理，因此，档案网站应积极听取用户意见，弥补自身建设漏洞，及时处理用户反馈，加强线上运营人员素质培养，完善“网站—用户”互动过程，提升用户满意度。

3. 普及推广档案文化资源

档案内容是决定档案价值最重要、最本质因素，用户对档案最大量、最普遍的需求主要来自档案内容。信息资源基本价值是公共档案馆网站提供资源、服务用户的基础，包含内容完整性、真实可靠性、有用性、针对性和丰富性。其中，内容的完整性、针对性和丰富性是用户获取档案信息资源的保障；真实可靠性既是用户对档案信息资源的基本要求，又是档案本质属性。

目前，在信息内容价值方面用户满意度较高，说明当前档案网站较为重视档案内容价值建设；而信息形式价值建设方面却不理想，信息形式新颖性及信息形式趣味性重视不足。要实现档案文化资源普及，就要努力把实体馆藏资源推广为用户耳熟能详的文化产品，通过借鉴图书馆、博物馆优秀的运营案例，运用新技术、新科技呈现档案内容，并善用新兴的、智能的传播形式将其转化为大众的、普适的文化产品，如设计档案纪念品或纪念币、丰富档案编研产品、开展线上征集活动，让档案“传得广、立得住、留得下”。只有做好信息建设才能为档案网站服务质量提升提供源源不断的动力。

4. 巩固档案安全防护体系

社交媒体环境下，用户越来越重视个人数据的隐蔽性、安全性，而平台与运行则是用户服务体验过程中的一道“防火墙”，良好的平台与运行可以有效保护用户信息不泄露、不让不法分子有可乘之机。平台数据安全性、平台运行稳定性与平台操作流畅性这三个影响因素都反映出网站稳定性和安全性对于用户浏览过程的数据保护和重视程度。因此，提高平台数据安全性、增强平台运行稳定性、加大平台操作流畅性对档案信息资源的保护至关重要。

5. 深化档案网站特色服务

用户在浏览网站的过程中，会对网站服务功能产生一定需求，这种需求不仅体现在信息获取方面，也表现为对网站服务的要求。人性化服务、个性化服务、预约查档不可或缺，服务功能方便快捷，可提高用户参与度，增强用户信任度和依赖感，使档案网站成为用户获取档案信息资源的首选途径。

因此，档案网站需要加大力度完善服务功能，通过分析用户利用行为和用户特征，积极为用户提供富有特色的、方便快捷的服务，使用户在满足基本需求的基础上，获得有针对性的个性化服务，提升满意度。

6. 关注用户的浏览体验

页面设计的合理程度影响着用户浏览网站的效率、视觉体验等要素，主要包括页面设计美观性、页面设计友好性和多语言页面设计。这些因素在影响程度上，总体排序相对靠后，但是每个因素的因子载荷却并不低，表明用户在网站浏览过程中对线上体验效果的重视程度在不断提高。用户对浏览体验日渐关注与重视，档案网站需不断提升页面设计水平，及时转变单调的页面布局、调整不合理的栏目设置等，通过问卷调查、实地走访、在线咨询等方式了解用户、准确把握当前用户期望和需求，以此为依据进行再设计。

7. 完善档案信息资源检索功能

便捷、实用的检索功能是用户获取档案信息资源的基本条件，当前大多数档案网站难以满足用户检索需求。对一般用户而言，按照档案号检索资源的方式过于专业，使用难度较大。鉴于档案网站的检索功能有限，全文检索无法全面普及，网站资源由于检索缺陷，易造成浪费，而用户共对多样性、新颖性和增值性的信息感兴趣，因此，档案网站需要将建设重点放在网站检索种类、方式上，全面改进和完善检索功能。在未来，增强检索的易用性、提高检索条件的相关度以及丰富检索工具的种类等方面都是站内检索努力的方向，档案网站可以通过改变检索框的位置，增加关键词检索，完善全文检索、模糊检索功能，重新分类、整合资源，重视基础设施建设等措施来提高检索功能。

8. 重视发挥档案网站服务休闲趣味功能

目前，档案信息资源大多以纸质形式呈现，为用户查找学习资料、解决工作需求所用，固定的载体形式和单一的利用目的易引起用户乏味、视觉疲劳，因此，在传播过程中，提升档案信息资源的趣味性和新颖性不可忽视。在档案网站中，档案信息资源获取方法和服务形式具备了创新的条件，要充分发挥其休闲功能，就要拓宽服务途径。通过分众传播（根据受众的差异性提供特定信息服务）可以在很大程度上令用户轻松、愉悦地享受在线浏览过程。此外，内容的易获取性也成为档案网站服务的独特优势，可以帮助用户便捷、快速地获取所需资源。

（四）优化档案网站集群系统平台建设

1. 资源集中建设层面

（1）选择统一且合适的档案

网站集群系统平台数据整合方案。如今，关于平台系统机制以及架构方案研究有以下 4 个：① Hadoop（分布式系统基础架构）系统适合大数据的分布式异构数据；② SOA（面向服务架构）数字档案资源整合模型能够对各种异构数据、不同格式的数据源和异构业务系统数据进行交换与整合；③ ROA（面向资源架构）框架中，任何媒体形式的数字档案资源最终被改造成标准化的格式且具有唯一 URI（统一资源标识符）的 Web 对象，可根据用户需求变化构建动态可调的数字档案资源体系；④ Digital Vellum 整合方案根据服务端、客户端和用户端的需求有区别地提供云服务。这 3 个平台体系可以叠加使用，以达到最大使用效能。在形成档案信息产品过程中，SOA 数字档案资源整合模型可能更加适合档案信息产品的形成，不会产生资源之外的冗余数据。

（2）加强档案资源集中共享的深度

档案资源提供的著录信息要多而全，不仅要公开档案目录数据，而且要尽可能增加原文数据以及其他更多的描述性元数据，为档案语义检索等高级智能检索提供基础。

档案资源集中共享的方式要多样化，要提供全面多样的档案检索方式，不单单是关键词检索，可提供组合式检索等高级检索方式，对于检索结果的呈现方式需要智能多元，按照各字段呈现具体信息，并可选择在检索结果中进行再次检索等检索方式，方便用户对档案资源进行较为精确的查找。

2．业务建设层面

（1）机构简介

机构简介是档案网站对档案部门的组织构架、历史沿革、部门职能等相关内容的总体介绍，下设机构简介和入馆指南。机构简介主要介绍档案部门领导班子及职能分工、内设机构及部门业务职能、联系方式等情况，使用户了解档案部门的基本情况；入馆指南包括查档手续、查档程序、利用阅读制度、开馆时间、地理位置等，指导用户如何到馆、如何查档等指导性信息。机构简介是用户了解组织机构及其职责的窗口，以信息是否完整、全面详细为评估依据。

（2）新闻动态

新闻动态指档案网站发布的档案部门自身的重要活动、重要会议等动态信息以及除本机构外全国各地档案行业内的重要资讯。社会公众通过新闻动态栏目消息可以了解档案部门的业务职责，掌握档案部门的工作动向，获取行业内外最新信息。新闻动态是档案网站不可或缺的重要栏目，包括文本、图片、视频等形式。

（3）网上办公

网上办公是档案部门利用档案网站平台为相关政府机构、企事业单位、公众提供在线办公服务的具体措施，是档案部门办公从线下向线上转移的体现。在网络时代，网上办公给社会公众带来极大的便利，是档案网站建设的首要任务。网上办公的内容主要包括网上业务办理、政务公开、业务指导、网上预约四个办公项目。评估网上业务办理以办理业务的事项种类、流程手续的说明、在线受理状态和进程、办理结果为依据；政务公开的评估以公开指南、公开目录、公开制度等人事、财政信息、相关统计情况等信息的种类、数量和时效性为依据；提供服务的形式，包括电话预约、在线预约。

（4）政策法规标准

政策法规标准指档案网站公布国家或地方制定的与档案工作业务密切相关的各类法律法规、政策标准以及各种规章制度等，包括国家级档案部门发布的档案政策法规标准、指导档案工作的有关标准管理制度和办法等，下设法规标准和政策解读。政策法规标准评估依据在于数量和更新情况，是否进行归类；除公布法律法规标准外，是否对重要的法律法规、政策标准等制定的背景依据、涉及的主要内容、要达成的目标任务和解决的问题等进行详细解读介绍。

（5）档案征集

档案征集是档案部门为了丰富馆藏资源、优化馆藏结构，而在网站上发布档案征集的办法、范围、手续、接收方式及有关征集的规定等信息，从而收集散存在社会上的珍贵文献资料和珍贵档案。档案征集指标下设置了征集办法、在线征集、征集展览。征集办法考察档案网站是否提供详细的征集接收办法让捐赠者了解档案的征集范围、流程和接收方式及相关规定等信息；在线征集考察网站是否有在线征集功能以及结果公告；征集展示考察有无对征集到的珍贵档案资源加以说明并进行有效展示，以及对捐赠者表示鼓励、感谢与嘉奖等。

（6）公众参与

档案网站公众参与是指档案网站设立留言信箱、在线咨询、民意调查、论坛、投诉等形式的参与互动栏目，以满足用户咨询、交流反馈等参与与网站和其他用户之间互动交流的意愿。档案网站不仅是档案部门发布信息平台，而且是社会公众广开言路、建言献策的重要渠道，倾听社会公众对档案网站建设的发展建议，了解社会对档案网站的评价和要求，采取建设性意见，提升档案网站建设的质量。

3. 平台建设层面

（1）完善窗口功能设计

随着网站功能的拓展与档案信息化水平的提升，档案网站集群系统平台的功能也更加丰富和完善，主要包括以下七个功能模块：一是导航功能，可以为用户提供全国各类档案网站的导航链接，方便用户查找和访问各类档案资源；二是宣传功能，通过档案网站集群系统平台，宣传各地档案机构的发展情况，促进档案机构之间的横向对比和学习，同时宣传档案学界的研究进展和档案服务业的发展情况；三是交互功能，除了档案机构与用户之间的问答交互外，还提供用户与用户之间的交流互动平台，方便用户间的互相答疑解难和信息交流；四是教育功能，提供档案教育培训资源和档案行业知识，同时发挥网上爱国主义教育的作用，整合档案信息资源，为用户提供学习环境和学习资源；五是个性化服务功能，建立用户个人数据库，通过第三方平台验证用户信息，为用户提供个性化定制推送服务和一站式的档案利用服务；六是经济性功能，通过研究档案元素，吸引群众认识档案工作的重要性，增强身份认同，进而推动档案文创产品的开发，实现经济效益；七是检索功能，提供档案网站集群系统平台内部信息的检索，同时也提供对数字档案资源的检索，要求检索方式多样化并向智慧化方向发展，提高检索效率和用户体验。

（2）实现平台融合功能

实现档案网站集群系统平台与微信平台的优化融合及功能开发，档案网站和微信公众号要互联互通，档案网站集群系统平台应尽量避免 Flash 插件使用，优化档案网站页面，使其适应智能手机、平板等其他设备界面，同时兼容微信公众号的信息更新；可增加档案网站小程序和相关功能小程序的使用，如历史馆档案展览小程序等；充分利用微信平台，兼容档案文创产品微店，实现档案周边售卖。

（五）完善档案网站资源服务建设内容

1．充实资源介绍内容

资源介绍服务是档案网站向用户介绍、展示以档案资源为中心的相关实质性内容，主要通过“馆藏介绍”“馆藏一览”等对馆藏资源进行介绍的栏目来体现，栏目内容主要介绍档案网站拥有档案资源的数量、类型、载体等相关馆藏信息。在馆藏资源介绍中，应更加全方位、多角度地详细介绍档案部门拥有档案资源的具体数量、类型等相关信息，还可以通过图片、音视频等形式，声情并茂地介绍馆藏信息，有助于用户通过网站提供的资源介绍，快速掌握档案网站的资源情况，从而进行下一步的行为[①]。

2．强化在线档案查询功能

在线档案查询能帮助用户提前了解所需档案的信息，甚至在一定程度上打破时空的限制，随时随地轻松查阅所需档案。加强在线档案查询功能要从建立档案

① 祝洁．论档案网站的内容结构设计［J］．科技资讯，2011(08)：8.

信息数据库和完善检索方式两方面出发。

一方面，在线档案信息数据库是在线档案查询功能实现的基础。一般来说，在线档案数据库建设分为两种分别是目录式数据库和全文数据库。

另一方面，检索方式是实现在线档案查询功能的方式。检索方式一般可分为关键词检索和组合检索，关键词检索是最简单易操作且适用于任何用户的检索方式，用户只需在检索框中输入其想要获取的档案信息的任意关键词即可进行检索。组合检索指以档案相关元数据信息为检索点，在检索界面设置多个检索框，每个检索框代表一个方面，采用逻辑匹配的方式进行组合检索，提高查准率。要加强在线档案查询功能，就必须充实档案网站资源"数字仓库"，考虑用户的不同层次，同时提供关键词检索和组合式检索两种检索方式。

3. 提升现行文件服务能力

提供现行文件服务，用户可以直接在档案网站上获取现行文件，通过学习了解现行的文件，在学习、科研、工作等方面具有一定的现行效用，是档案部门应整合提供的重要资源之一。

为了能够更好地满足用户对现行文件的需求，档案网站可以通过以下两种方式提升现行文件服务的能力。一种是在已有现行文件数据库的基础上，对其进行丰富完善，并提供多种检索方式以满足不同检索习惯的用户对现行文件的查找需求。另一种是提供链接的形式。依托不同政府部门网站，对发布在政府网站上的有关文件进行搜集整合，为用户提供相应的链接，以链接到相应的政府网站，提升提供现行文件的相关服务能力。

4. 丰富档案资源服务内容形式

档案资源是档案网站提供的最本质的服务资源。要提升档案资源服务质量，可以从档案资源内容的丰富性和提供形式的多样性着手。在内容的数量上，充分挖掘、开发利用具有地方特色文化的馆藏资源，进行整合之后发布到档案网站上，如将依据馆藏资源编研加工形成的编研成果数字化扫描后放到网站上，在吸引用户浏览的同时，也展示了档案部门独特的馆藏，对本地特色文化起到了很好的宣传作用。在服务的形式上，档案资源的展示形式应该是多样的，除了传统的文本信息展示外，应尽可能地利用图片、音频、视频、3D 形式展示网上展览、档案编研成果等档案资源，体现出档案网站的多媒体化，给用户留下深刻的浏览体验。

第六章　当代档案信息化保障体系建设

当代档案信息化保障体系首先要从档案信息化规划建设和组织建设的宏观管理方面进行，标准规范体系是档案信息化保障体系的核心组成部分，规范和约束着档案信息化建设全过程的各种行为，从而保障档案信息化建设实现有序、安全、优质地整合与共享。档案信息化的信息安全是保障体系建设中的重中之重，检测与维护档案信息资源的真实性、完整性、可用性和安全性，保证当代档案信息化建设中信息数据的安全性。本章则围绕宏观管理保障体系建设、标准规范保障体系建设、信息安全保障体系建设、人才队伍保障体系建设、信息技术保障体系建设等内容展开研究。

第一节　宏观管理保障体系建设

当代档案信息化宏观管理保障能够确保档案信息化建设循序渐进、卓有成效的进行，宏观管理保障体系建设主要从档案信息化规划建设和组织建设两方面进行。

一、档案信息化规划建设

档案信息化规划是档案行政管理部门针对档案信息化事业发展制订的全局性、长远性规划，是对发展目标、任务、措施的宏观思维、精准描述和权威部署，是档案信息化建设的顶层设计。

（一）规划制订的步骤

①组织机构。档案信息化规划的制订应当建立由单位主要领导主持，信息化管理人员、相关业务技术人员和档案管理人员参加的规划起草小组，具体负责规划制订的全过程。还可以聘请外单位有关档案信息化的专家，对规划起草人员进

行培训，对起草工作给予咨询、审核、把关，或直接负责规划的撰写工作。

②调查研究。对国际、国内、本地区、本行业档案信息化发展战略和规划的调研；对同行业或相近行业档案信息化的先行单位进行调研；对社会信息化发展状况进行调研；对本单位档案工作和档案信息化需求进行调研，了解对档案信息化目标、任务、措施的定位，了解软硬件技术发展水平，为档案信息化规划制订提供参考，发现和分析存在的问题，研究利用信息化方法破解问题的对策。

③撰写规划。对调研结果进行归纳总结，撰写调研报告。根据调研报告撰写规划大纲，并征求有关领导、专家或业务技术骨干的意见，撰写规划初稿。组织专家进行科学性和可行性论证，并广泛征求机关各业务部门和相关单位的意见，修改完善后交本单位领导审核、签发，然后正式发布。

④规划发布。一并提出规划执行的指标要求、进度要求和责任要求，并按照要求跟踪规划的执行情况。

（二）规划的主要内容

①回顾总结档案信息化的进程、现状，取得的基本经验或主要体会以及存在的主要问题。

②对档案信息化建设预期前景和效果的描述。档案信息化规划目标可以分为总体目标和具体目标两部分。目标定位要做到有高度、有宽度、有深度、有亮度和有温度，体现档案信息化规划的高起点、高标准、高水平，做到档案业务工作的全覆盖，致力解决发展中遇到的热点、难点问题，有创新点和闪光点，满怀热情地贴近时代、社会、生活、百姓。

③进行档案信息化规划的任务部署。任务是对目标的细化，任务要具体和微观。任务部署要尽量做到定时、定量。任务部署包括基础设施建设、信息资源建设、应用系统建设和保障体系建设等。

④落实档案信息化规划措施。措施是指实施档案信息化的必要条件，一般包括人员观念的改变、档案基础工作的跟进、技术平台的建设、信息安全的落实、资金持续投入以及人才队伍培养等。其中档案基础工作部分要提前、重点做好电子文件归档、纸质档案数字化工作。

（三）规划实施的策略

档案信息化规划是新时代新阶段引领本地区档案事业继续走在前列的重要指导性文件，科学编制规划离不开客观的现实基础，同样规划编制的过程也是调查研究、集思广益的过程，要合理开展编制工作，促进科学规划、合理规划，强化领导提前部署，认真评估深入调研，注重衔接各类规划，广泛调研征求意见。

档案是党和国家最宝贵的财富之一，记录着中国千百年来的发展变迁，承载着中华民族璀璨悠久的历史文化。地方政府应该高度重视档案工作，充分认识档案工作的重要性，加强对档案事业发展的统筹规划，将档案工作列入国民经济和社会发展规划以及年度工作计划，精心编制好地方政府的“十四五”档案事业发展规划，完善档案信息化投入机制和档案工作机制，及时研究解决档案工作中遇到的突出问题。各政府部门要各司其职、密切配合、形成合力，确保档案信息化建设与其他各项事业同步发展。

公共组织是公共管理的主体，是以管理社会公共事务、协调社会公共利益关系为目的的组织，它既包括政府组织，也包括第三部门组织。国家档案局和地方各级档案局他们都是政府组织，属于公共管理的主体，必须切实发挥和履行好公共管理和档案管理的职责。国家档案局主管全国的档案工作，负责全国档案事业的统筹规划和行政管理，县级以上档案局是地方档案主管部门，负责本地区的档案行政管理和监督指导。因此，地方档案主管部门应坚持以创新思维和系统观念谋划档案事业发展，大力推动地方档案事业的转型发展，向高质量发展迈出重要步伐，做到档案事业发展和社会经济发展水平相适应。特别是要将档案信息化管理和建设等内容写入本地区国民经济和社会发展“十四五”规划，科学制订本地区“十四五”期间档案事业发展专项规划，并提出明确的实施方案，进一步分解细化目标任务，全面回答未来五年档案工作“目标是什么”“做什么”“取得什么成效”以及“怎么保障”等问题，定出任务书，排出时间表，绘出路线图，对重要任务、重大项目实行“挂图作战”。坚持问题导向，加强调查研究，针对影响制约档案事业转型发展高质量发展的瓶颈问题和“四个体系”建设的重点难点问题，要摸清情况、找准症结，群策群力、攻坚克难，出实招、下狠劲，扎实有效解决。坚持系统观念，搞好整体谋划，从纵向来说档案系统在工作上要上下衔接，从横向来说要加强与各有关方面的沟通协调，同时注重发挥高等学校、科研院所、新型智库和专家人才的作用，加大资源整合，促进规划落实。

二、档案信息化组织建设

制订科学的规划是档案信息化的起点和前提，它使信息化建设者在目标、任务、措施等方面达成共识、统一了步骤。接着，就需要通过强有力的组织，通过指挥、协调、监督、指导、服务等管理方式和行政措施，确保规划的贯彻落实。

（一）思想观念更新

档案信息化是新形势下档案工作顺应潮流，抓住机遇，加快发展的重大战略。规划是战略实施的顶层设计，是长远性、全局性的谋划。只有充分认识规划实施的重要意义，才能增强实施规划的责任心和自觉性。同时，要认识到实施规划要有新思路、新对策。以崇尚科技、重视改革、锐意进取、尊重人才、创新务实、真抓实干的新思路、新对策，来破解档案信息化规划实施中的难题，化解来自各方面的阻力，推进档案信息化规划的顺利实施[①]。

（二）组织体系创新

档案信息化必须由机构的主要领导分管档案信息化工作，并建立集规划、执行于一体的档案信息化主管部门，才能及时高效地协调处理档案信息化建设中遇到的复杂关系。档案信息系统的建设和运行涉及与外界系统的互联。前端与办公自动化互联，确保对归档电子文件的前端控制。后端与本单位各种业务系统互联，确保为社会或本单位行政业务系统提供档案信息服务。因此，各单位分管档案工作的领导应当同时分管档案信息化工作，负责实施档案信息化规划的各项组织工作，负责将规划实施列入本单位信息化发展规划和年度计划，使这项工作在机构、岗位设置，人员、经费投入等方面得到满足，保障规划的实施。

（三）法律法规完善

法律法规作为一种特殊的社会性规范，能够为人们的行为提供某种模式、标准和方向，引导人们根据其具体要求采取合适的行为。档案信息化的建设与管理

① 刘诚．试论档案信息化建设的形势与任务［J］．中华民居（下旬刊），2013(5)：218-219.

需要整个档案管理部门共同参与，进行密切配合、相互协作。因此，需要从国家法律和地方性法规两个层面，加快制定档案信息化建设与管理的相关法律法规，完善档案信息化建设与管理组织协调机制，以协调档案信息化建设主体之间的关系，调动其积极性，促进档案信息化建设各部门的协同推进。

在国家立法层面，根据档案信息化建设的实际情况，针对性地出台与档案信息化保障相关的专门法律，明确档案信息化建设的目标及要求、不同建设主体在档案信息化建设等方面的利益冲突处理方法、档案资源共享边界问题、跨域档案共享平台建设的主导部门及其职责、各主体在平台建设中应承担的法律责任等，以国家立法的形式对档案信息化建设进行规范。同时，档案行政管理部门根据国家相关条例和规定，根据自身实际需要增加修订或制定地方性法规，完善本区域内档案信息化建设的协调机制。

（四）管控措施到位

档案行政管理部门要对规划的实施采取有力的管控举措。

①保持规划的权威性和严肃性。对已经列入规划的每项任务都要“言必信、行必果”，对规划后未执行的任务要追究原因和责任；按照规划制订有关项目的实施方案，规定具体的实施内容、进度、要求，一抓到底，直至见效；将规划实施的组织、协调、监督、指导纳入档案工作的法规、制度、标准、规范系统中去，纳入行政部门工作的职责和考核办法中去，通过档案法治和行政的措施，防止发生档案信息化不作为或乱作为现象。

②要夯实档案信息化建设的各项基础工作。围绕档案信息资源管理的目标和任务，扎扎实实地做好传统文件和电子文件的积累、归档以及归档后的基础工作，利用数据库技术，建立起大规模、高质量的档案信息资源总库，为档案信息系统运行提供优质的信息资源。

③要确保规划实施的各项投入。切实按照规划要求落实软硬件网络平台、应用系统、数据资源、人才队伍、保障体系等建设任务。对建设项目的完成情况和实用效果进行科学的评估，并将评估的结果列入档案信息化建设单位业绩考核的指标。

④科研教育跟进。档案科研和教育已成为档案信息化的两个重要支柱。为了更好地发挥科研工作对档案信息化的引领作用，要加强对档案信息化项目的选题

指导、立项审查、实施跟踪和结题评审等环节的全过程管理。要采取有效的行政措施和考核措施，大力推广集成化、通用化的数字档案室和数字档案馆应用系统，创新档案信息化建设发展模式。

第二节　标准规范保障体系建设

一、规范档案信息化建设的制度标准

我国档案标准化研究起源于20世纪90年代初。档案工作标准化是指在社会经济、技术创新、科技信息及管理工作等社会实践中，对档案工作领域中的重复性事物和概念通过制定或修订、实施标准，实现完整和统一，以达到最佳秩序和社会效益的过程。档案标准化有助于实现档案工作管理规范化，是档案信息的数字化背景下的必然发展趋势，是实现档案信息化建设与管理的重要基础和前提。

规范化就是在相关基础理论的指导下，按照一定的要求和标准，使管理工作达到一定的标准化、科学化水平。档案管理规范化就是指按照档案集中统一保管、保持文件材料之间的有机联系等经过实践证明的原则和方法，以《中华人民共和国档案法》以及档案法规性文件为依据，按照相应的国家要求和行业标准，使档案管理工作达到组织机构设置合理、档案管理各项制度规范健全具有可操作性、档案管理员队伍稳定且具备精湛的业务水平、档案信息化建设全面开展、档案服务利用效果较好等较高管理水平。

在当代档案信息化标准规范保障体系建设中，通过对人的本质特性进行准确把握，最大限度实现人的价值，并通过建立一个完整的价值观念体系来引导被管理者的意志和行为选择，是一种具体事项都有章可循的“法治化”管理。规范化建设与管理的目的是档案在管理控制之下，要求决策过程程序化、考核标准定量化、组织关系系统化、权力责任明晰化、奖励惩治有据化、工作目标计划化、业务活动流程化、实践措施具体化、实施行为标准化、管理控制过程化。

规范化管理与制度管理与标准化管理有所不同，但是规范化管理也需要落实到制度的层面，设置需要达到规范化目的的规章制度。制度管理不代表一定就是规范化管理，制度是管理的一种形成，任何的管理都可以使用制度的形式来进行

界定和贯彻实施。标准化管理是统一标准，达到管理目的。规范化管理所制定的目标和标准不是单一的、孤立的规章制度，而是重点强调贯彻实施一套完整的符合管理需求的价值观念体系。规范化管理是建立在科学化和人性化基础之上，不是简单地对企业的组织运转的活动过程制定具体的行为标准，而是相对自由的管理，其被管理者有一定价值选择。

当代档案信息化标准规范保障体系建设要坚持制度的统一性和规范性，社会保障体系建设要坚持国家顶层设计，规范档案信息化制度要做到从长计议，有条不紊。首先，档案中心应对档案信息化管理制度制定详细的工作制度，由主管领导牵头，各相关部门共同商讨，制定档案信息化管理的制度预案；其次，各相关部门各司其职，共同落实，档案中心负主体责任，保证档案在信息化收集归档、保存和利用环节的安全性和完整性，总结档案信息化建设与管理取得的成绩和遇到的问题，分析问题产生的深层次原因，寻找解决对策；最后，档案中心严格监督，将实际工作中的情况及时反馈给主管领导，根据实际的情况修改信息化管理制度预案，这样形成管理循环，不断改进档案信息化管理制度。

二、建立健全管理标准与技术标准

（一）建立健全管理标准

管理标准是对档案整个生命周期所涉及的相关对象具有指导作用的规定，包含文本、图像、音频、视频在内的电子文件及电子档案从收集、整理、归档、编目、迁移等生命周期全过程的管理标准。管理标准就是档案在管理全过程所涉及的各环节以及应当遵守的基本规范。

在档案分类标引方面，应参照国家及行业标准，结合档案管理的实际情况，制定一系列工作标准，统一档案工作标准，便于之后相关工作的开展。在档案管理和共享服务方面，参考国家及行业标准，针对实际情况，制定档案工作基本术语、档案工作规范、档案管理规范、档案管理与保护规范、档案资源共享管理等方面的一系列管理标准。

例如，建设项目档案管理标准是指在工程建设档案管理活动中，档案管理部门或标准化主管部门为实现对建设项目档案的规范化、精细化、科学化和系统化管理，对建设项目档案管理过程或管理规定进行重复使用的制定和修订的规范或具有特性的文件资料。建设项目档案管理标准可以有效提高建设项目档案的质量，在很大程度上确保建设项目档案的完整、齐全、准确。建设项目档案管理标准是在工程建设领域内，对建设工程的全生命周期管理活动和流程进一步的协调规划，是所制定或修订的需要重复使用、共同参考的技术依据和规范准则。建设项目档案管理标准可以推进档案工作提质增效，推进建设项目档案管理工作高质量发展，实现建设工程项目的经济效益和社会效益双提升，以达到工程建设规范化、标准化的目的。建设项目档案管理标准本质上是一种管理控制的方式，是实现建设项目最佳社会效益、经济效益和生态效益高度统一的方法，是经济建设和项目投资的重要制度和依据。

（二）建立健全技术标准

技术性标准主要涵盖了载体技术要求以及系统功能要求。标准主要规定档案存储载体的技术指标、数据迁移等策略，标准主要从电子文件角度在信息化建设方面进行宏观层面的规定，强调电子文件管理系统安全管理的重要性，虽然长期保存工作更多地依靠数字档案馆等长期保存系统，但通过规范流转阶段的电子文件管理系统，能够为以后的归档管理提供便利。标准中考虑到了未来电子档案的长期保存的需要，从存储格式、存储设备、备份迁移以及检索利用等后期业务工作的需求涵盖进去。例如，系统应提供相关存储介质的警告功能，辅助进行定期更新，对存储格式能够进行实时监控，以防止格式过时造成信息不可读等。

在档案数字化方面，参照相关国家及行业标准规范，制定档案数字复制件光学字符识别（OCR）工作规范、文书类、照片类、录音录像类等档案数字化规范等方面的技术标准。在电子文件存储方面，参照国家及行业标准制定一系列技术标准，为档案数据存储提供技术指导。在档案信息化平台系统建设方面参照国家标准制定系列技术标准，切实保障档案资源跨域共享平台的平稳运行。

当代档案信息化标准规范建设的过程中，应尽可能地让各个行业各个部门参与进来，听取相关行业档案管理机构的意见和建议，广泛征求相关领域专家、学者、技术人员、社会公众的意见，使标准体系的建设更加科学规范。

三、制定完善的档案信息化管理标准体系

（一）建设档案信息化标准体系的构建原则

①整体协调。规划建设档案信息化标准体系整体协调的实质是对档案信息化建设标准环境的整体优化和统一，通过运用档案标准化的理论方法，合理规划建设档案信息化标准体系的框架，弥补建设档案信息化标准体系中一些领域的不足和空缺。在档案信息化标准体系构建的过程中，需要依据档案信息化标准体系内容覆盖面广、涉及行业领域多的特点，从整体统筹的立场出发，不仅要站在全方位、全领域的角度去规划档案信息化标准体系的整体布局，完成对档案标准的立项审批、设计编研、制定实施的流程，还要注重标准与标准之间、标准子体系与子体系之间、标准体系内部构建与标准体系外部环境之间的兼容以及与其他档案信息化标准体系的衔接协调，从而推动建设档案信息化标准体系的整体发展。

②系统优化。将档案信息化标准体系作为一个完整的系统，从系统的角度出发，对档案信息化标准体系的各个环节、各个要素等之间的关系进行优化整合。找出档案信息化标准体系之间各个环节、各个要素之间的隐性关联和现存问题，并以推动档案信息化标准体系建设的高质量发展为目标，寻求解决现存问题的最佳可行方案，让档案信息化标准体系发挥最有效的引领作用。在对档案信息化标准体系的系统优化中，要把新标准的制定实施和已有旧标准的优势与不足进行综合考量，确保档案信息化标准体系在行业覆盖领域、内容体系构建和技术创新要求等方面可以互相衔接，协调统一，避免标准体系内部之间、标准内容侧重方向、标准使用范围和体系结构的交叉冲突、前后矛盾。并及时填补原有标准的不足和空缺，确保档案信息化标准体系在档案管理工作整体上的系统性和一致性，使档案信息化标准体系发挥效益最大化。

③需求导向。档案信息化标准体系是以需求为导向的系统建设。传统的档案信息化标准体系主要侧重于纸质档案资料整理和传统的业务流程管理，在数字化转型的背景下，相应的档案信息化标准也亟须完善和更新。但在标准设计和制定的过程中，很多标准依然缺乏对技术创新的敏感度，无法及时跟上数字化转型时代趋势的脚步，与档案信息化管理的整体发展环境脱节，造成标准体系孤立运行，不能服务于数字化转型背景下档案信息化标准体系的宏观发展目标。以数字化转

型为依托，结合技术创新和档案服务来构建档案的标准体系，深化以需求导向为主，问题导向和目标导向协调一致的档案标准化管理理念。并将标准化管理理念和需求管理融入档案信息化标准体系运行管理中，形成动态的、系统的建设档案标准管理体制机制。

④技术融合。技术创新一直是促进档案管理工作高质量发展的重要基础维度之一，同样地，在档案信息化标准体系构建中，必须实现技术与标准的高度融合，只有实现两者的衔接融合，才能促进建设档案的标准化管理，才能构建科学、合理的建设档案信息化标准体系。在数字化转型的背景下，很多传统的建设档案标准已不再适用于规范指导新型的建设档案管理工作，因为旧有的标准里包含的技术已经无法与现在的档案载体和应用环境相融合。档案标准需要根据技术创新的发展和工作环境的变化与时俱进地更新和完善，在制定和修订档案标准时，要结合档案管理所运用的最新的技术进行全面的综合和考量。系统地整合档案标准中有关技术的内容，及时地修订和改进建设档案标准中所涉及的落后技术，并结合档案管理工作当下运用的新型技术内容对标准旧有的技术内容进行替换和修改，保持建设档案标准的时效性。

（二）构建完善的档案信息化管理标准体系

档案信息化管理需统一技术规范、数据格式、程序、工作的流程，各个环节能够切合实际的档案信息化管理需求，成系统、分步骤与领域地服务于档案信息化资源。要持续提升档案信息化能力与优化相关标准，需要重视和加强各档案建设各部门之间团结协作。基于国家对档案信息化管理标准要求、当前区域档案信息化管理现状以及其他区域经验，构建完善与地区管理标准相符合的体系，参考与落实既有的规范标准、制定具有特色的规范，加大监督力度，发挥正确的导向性作用。实施与健全标准的档案信息化管理体系，快速共享信息数据资源，为地区各种类型的用户群体提供高效高质的相关服务，这是档案信息化管理走上专业化、标准化、智能化的必由之路。

档案管理机构需增强认知，明确具体要求内容，组织人员进行深入学习，依据档案局颁布的各项规范标准有序地开展档案数字化或归档电子档案以及建设数据库等业务，使电子档案数据具备统一的格式，增强规范性与可读性，为共享提供便利条件，增强档案信息化管理的规范化与现代化水平。档案机构需按照信息化管理规范与行业细则，制定出全地区统一的档案信息化标准，特别是需优化管理档案流程，细化信息化步骤，使档案管理实现标准化，保障各机构形成的电子档案具备真实完整性、安全性等特点，能够利用且拥有一定的运用价值，于是在开发与运用档案信息方面迈向标准化与科学化的正轨。具体而言，应结合本地档案信息化管理实际以及借鉴其他地区档案信息化管理成功经验，在国家档案局制定发布的各项标准的基础上，制定符合档案馆自身管理的标准规范。尤其要加强档案信息化全生命周期管理，增强档案信息生成、整理、归档等环节的标准化、规范化。此外，档案部门应加强对各单位在进行档案信息化管理时的监督力度，并耐心指导，提出行之有效的方案。严格按照相关标准规范，明确各机关、企事业单位电子档案处理程序和相关部门及员工岗位标准与承担的职责，各项工作须通过专人承担责任，针对各机构的档案信息化需加强领导与责任的贯彻。

（三）档案信息化标准体系建设的保障机制

在不同的使用环境下，不同的档案标准具有不同的存在意义，任何一项档案标准都不是绝对的，放在不适应的行业领域或不符合的工作环境中，如果没有相配套的规章文件，该档案标准都无法发挥出最佳的利益效果，也无法产生最佳的应用实施效应，这便是档案标准机制之间的不衔接和不协调。加强现有档案标准的有效衔接是一个多领域、多层次、多视角的综合过程。一方面，从实施路径看，档案标准体系是由项目和项目档案标准两方面组成的，需要打通领域和档案标准领域之间的衔接渠道，实现相互融合和相互促进。另一方面，从内容结构看，应做好档案标准供给的观念、规划、体制和政策的有效衔接。在观念衔接方面，要根据信息技术的创新发展，变被动为主动，主动感应环境的变化对档案工作造成的影响，做好提前规划的准备；在规划衔接方面，提高档案标准体系整体的协调性，做好时间控制和内容结构方面的衔接；在体制衔接方面，发展多元化标准制定主体供给，大力培育发展团体标准，放开搞活企业标准，激发市场主体活力，提升质量和竞争力；加快建设协调统一的强制性国家标准，设置科学的衔接过渡期，缩短档案标准的立项周期。在政策衔接方面，从实际需求出发，对档案标准的管理进行规范整合，促使其向管理标准化、制度化、系统化。

当代档案信息化的数字化背景下，完善对以需求为导向的档案标准供给结构，强化档案标准体系的适应性和灵活性。这就要求总结和分析在数字化转型背景下，现有的档案标准供给的发展现状和存在问题，根据问题的导向进一步明确档案标准供给的范围、供给的渠道和管理的方法来逐步优化档案标准的标准供给结构。在深化标准化改革的过程中，标准的有效供给无论是从标准的发布数量上还是标准的研制质量上都需要进行精准的把控。在数字化转型背景下，随着档案信息化技术在档案工作中的广泛应用，在催生档案管理新模式变革的同时，也加大了对档案标准数量的需求。标准化部门应该加快标准的制定速度，对已经运用在档案管理工作中的信息技术，要及时修订相应的标准，为档案管理工作的规范应用提供保障。在提高档案标准供给的质量方面，要确定标准制定发布主体的责任义务，遵循着“谁制定，谁发布，谁实施，谁负责”的原则，明确标准制订发布和实施的主体责任，可以定期追溯和监督标准主体的实施路径和标准发布的实施效果，以保证标准的适用性、准确性、实用性和有效性。为满足不断增长的标准需求，需要增加标准供给方法，加强以政府主导制定标准与市场主导制定标准之间的衔接。对仍处在发展阶段的信息技术，需要加强该技术的标准化价值，可以制定为国家标准化指导性技术文件，解决了亟须标准文件的参考空缺，也可以为该文件上升为标准做准备。

建立现代化的档案标准体系，发挥标准的引领作用，除了要保障档案标准供给数量充足稳定，档案标准供给质量健全达标，还需要确保整个档案标准机制的协调性。一方面，要确保不同种类的档案标准协调配套，拥有清晰明确的定位，保证档案标准机制的有效运作，另一方面，要进一步明确档案标准的归口管理和业务管理职责，加强对档案标准机制的规范化管理，使标准化各项工作更加优化到位，避免标准在制定和实施时产生延迟或滞后的情况。保障档案标准化工作机制稳定有序、高效运作以及建立起档案标准体系的协调统一，是发挥标准引领作用的具体要求。在一定程度上，标准之间的协调可以对档案的规范管理起到相辅相成的互补作用。由此可见，在档案标准中，国家标准和行业标准或地方标准中的规定若不一致，不仅会影响档案标准在该领域的有效应用，而且还会造成因工作人员的主观性和盲目性导致混乱无序的管理过程和结果，严重影响档案管理工作的运行。因此需要对档案标准机制进行协调，为档案标准体系的建设提供依据，并指出需要调整的方向。档案标准涉及的范围较广、流程较多，尤其是很多部门需要涉及关于信息技术的标准，有着很大的协调工作量，需要建立跨部门、多环节、多层次的协调机制，保证档案标准协调一致。标准化协调机制的任务是统筹协调档案标准化体系的主要事项，既包括档案标准的制定，又包括标准的实施、监督以及标准化政策措施的协调。我们需要建立具有时效性、准确性和完整性的档案标准，完善档案标准工作机制，实时跟进档案标准机制与信息技术、业务流程和管理层面的配套程度，及时制定、修订与完善档案标准机制，确保档案标准体系在档案管理工作环节中的有效应用。加强建立并完善统一管理、分工负责、协同推进的档案标准化管理机制体制，在充分发挥技术创新的基础上，革新档案标准化管理模式。一方面，要加强档案标准体系的制度建设，认真做好相关制度的制定修订和清理工作，有计划、有重点地调整档案标准化管理规章制度，另一方面，加强制度政策的前瞻性研究，使其规范化和系统化，并逐步落实和完善档案管理工作的配套措施。

充分发挥档案标准引领支撑作用，不断完善档案标准体系，增加高质量、高水平的有效供给，以先进标准引领档案标准质量提升、服务供给侧结构性改革的新方向，加快推进档案数字化转型，加速推动档案管理向高质量发展，为档案标准体系高质量发展注入新活力。

第三节　信息安全保障体系建设

一、档案信息安全内涵及分类

档案信息安全是旨在保护档案内容、载体、存储介质、系统和网络可靠性的制度安排和技术解决方案。档案信息安全属于复合范畴，从信息安全的作用层面，将档案信息安全划分为物理安全、系统安全、数据安全和信息内容安全。

第一，物理安全也叫“实体安全”，包括档案工作环境、档案工作设备和档案记录介质在内的所有参与档案信息系统的硬件设备的安全。当代档案信息化背景下，档案信息都是借助网络以一定的方式运行在一些物理设备之上的，因此保障物理设备的安全，是保障档案信息安全的重要防线。所有的物理设备都存在于物理环境之中，环境安全是物理安全的最基本保障，是整个安全系统不可缺少和忽视的组成部分。

第二，档案系统安全指的是档案工作物理设备与网络设备在运行过程中能够保持持续稳定性运行状态，主要包括操作系统的安全、网络方面的安全两方面。当代档案信息化建设与管理中围绕计算机而产生的信息技术，促进社会进入信息时代。一方面，给社会生活带来了极大的便利；另一方面，使得信息资源的价值倍增，导致网络信息安全问题。

第三，档案数据安全是指在数据处理、存储、检索、传输、显示等过程中，不被非法冒充、窃取、篡改等。当代档案信息化建设与管理中，数据在存储、传输、管理和提供服务过程中面临诸多安全风险。一旦与计算平台连接中断出现故障造成服务中断，都将影响档案的正常访问，可能导致档案在存储和传输过程中出现数据缺失、紊乱等问题，进而影响到档案信息的可靠性、可用性。

第四，档案信息内容安全包括两部分，一是保持信息内容本身的真实完整性，二是在档案信息传递的过程中，始终处于可用可读的状态。数字化转型对档案形式、内容、传输方式和保管方式等进行了全方位的变革，档案信息化是更便捷地提供档案服务，让档案能够更充分地被利用，在这一过程中，确保档案的真实、完整、可用、可读是让档案信息能够发挥其价值，得到充分利用的重要前提。

二、档案信息法律政策安全保障

我国在立法初期，首先形成的是《党政机关文书处理工作条例》《关于加强国家档案工作的决定》《关于统一管理党、政档案工作的通知》等关于档案的行政法规的一系列与档案有关的政策，在政策实施实践基础上，1987年，全国人民代表大会常务委员会通过《中华人民共和国档案法》。《中华人民共和国档案法》是我国档案工作的基本法，它标志着我国档案事业进入依法治档的新阶段。

①加强法律约束。档案信息安全法律法规的强化，就是要根据国家相关的法律、法规来规范和约束档案信息的主体以及与外界的关系。由于法律体系的管理层次分明、执行力高，它对信息系统中的主体行为具有强制性的制约作用，信息系统的安全相关法律和规章是其最高的行为规范。加强法规政策的约束，能够规范档案信息的“行为”，对档案信息安全的宏观保障具有重要的意义。

②完善法律体系。我国档案立法机构，要立足现实，完善法律体系，设置配

套法规，为档案信息安全提供有效的法律保障，让我国档案信息安全工作有法可依。档案管理部门应该树立全过程管理的思维，加强档案部门之间的沟通与协调，将档案信息安全贯穿档案信息的整个生命周期，在法律的保障下切实保证档案信息的安全，做到有法必依。档案监管部门应该对档案信息安全的实施进行依法监管，对档案工作中由于不依法依制所产生的信息安全问题，进行相应的处罚，做到违法必究。

③增强法律依据。完备的法律依据是保障档案信息安全政策制定完善的关键影响因素，档案信息安全政策的建立健全迫切需要专门法律制度的规范和指导，结合当下的时代背景和社会科技的发展以及档案工作的实践情况，建立档案信息安全的专门法规，健全档案信息安全法规，以适应我国国情和我国档案工作需要，为档案信息安全的行政执法提供法律依据。将档案信息安全建设的健全完善纳入档案事业发展建设规划，提升档案信息安全战略地位的合理性和科学性。档案信息安全政策的制定不仅要只依靠相关的法律规范，也应该充分考虑档案信息用户的使用体验，充分、实时地结合时代的发展，通过多元化的主体和全方位的考虑制定档案信息安全保障策略，以提高档案工作在信息时代的适应性和生命力。

三、档案信息化实施的安全保障

档案信息安全是档案管理工作的底线，直接关系着档案工作的有序发展和档案信息数据的有效使用。因此，做好档案库房的管理，充分保障档案的安全和档案信息数据的安排，是当代档案信息化建设中信息安全保障任务中需要重点解决的任务之一。

（一）档案信息安全管理和安全存储

档案由各业务科室的资料管理员负责，加强员工的保密教育，进行保密必要性的宣传工作，提高保密意识。信息技术的应用，要充分考虑系统自身的安全，增加密级，关注信息技术发展，时刻保持系统具有稳定性、先进性。系统内部进行严格的权限设置，身份认证，注意痕迹管理，保证操作日志的更新保存，做到有迹可循。同时在进行系统操作时，后台要有备份功能，不断更新备份，保证数据的安全。在档案的查阅利用过程中，对于能够在线浏览的资料，设置权限不能下载；如需下载需要领导的严格审批程序，系统留痕，且下载的文件进行水印处理；对于实物的借阅，严格按照规章制度执行，不得转借，不得复印，严格保密安全，防止出现信息泄露，资料外传。

档案信息的安全管理，需要有一个相对完善的制度，制度管理是一种将法律和管理对象相结合形式的、具体的法律管理。要解决档案信息的安全问题，必须建立健全符合实际的、健全的档案信息安全管理模式。对档案资料的安全维护，必须建立健全的制度体系。制度管理是法律管理的形式化和具体化，是法律法规与管理客体的结合。建立健全与现实相适应的、完整的档案信息安全管理模式体系，是应对档案信息安全工作的一个重要环节。①合理的档案工作规划。传统的档案工作逐渐不能满足人们日趋增长的社会需求。因此档案信息化建设应该结合社会发展情况，根据用户对档案的需求，调整其工作规划，从传统重“藏”轻“用”，向档案资源建设、档案服务建设、档案开放、利用等方面全面推进。新的档案法律中明确提出，要加强档案管理改革，要牢记为党管档、为国守史、为人民服务的神圣使命，承担好自身工作职责，完善现有的档案管理制度将走向数字化，实现档案信息资源利用，保障档案信息安全，为用户提供切实服务，作为档案馆事业发展的重要思路。在此基础上，档案应立足整体，深度关注档案实体安全和电子档案、数字档案的安全，建立符合社会发展，满足用户需求的档案信息安全管理机制，在为用户提供档案的同时，切实保证档案信息安全，推动档案馆事业建设高速发展。②加强档案馆馆际合作与安全交流。随着数字化进程和信息化进程的加快，用户对档案利用的需求越来越多，档案信息化建设让用户足不出户就能体验到查档用档的便捷，在这个程度上，用户对不同档案馆之间的馆际合作的需求也与日递增。随着社会、经济、信息化的快速发展，国家与地方、企事业单位与专业档案馆等档案系统内的馆际成员之间所开展的馆际合作成为我国档案事业发展的应然趋势。档案馆与档案馆之间建立连接，加强合作符合社会发展的需求，与此同时，需要加强馆际合作中的档案信息的安全问题，建立起与发展相匹配的档案馆馆际合作交流规范，使得档案信息资源在得到充分利用的同时又能确保其安全。③稳固档案信息安全工作。为提高档案信息化建设中适应突发事件的处置能力，确保档案抢救工作有序、高效，以满足档案工作的需要。《档案馆应急管理规范》（A/T　84—2019）的颁布，是我国档案行业首次出台的突发事件管理规范，为档案工作的顺利开展提供了有力的保证。

档案数字化成果不同于传统纸质档案的原始凭证性和长期可读性。数字化的档案必须依赖存储载体。在保管过程中，存储载体的损坏丢失，软硬件的升级换代，硬件的兼容性直接影响数字档案的保管安全。加强硬件设备管理，不断更替旧设备。档案实行双备份，异地存储。合理规划存贮安全地址，加大设备的资金投入，更新旧设备，保障科技档案存储安全，为优化服务提供坚实保障。

（二）档案信息库房安全防控

对于档案库房的安全防控的第一关就是视频监控系统以及红外线防盗报警系统，按照要求进行入档案库人员活动范围全覆盖，并且档案库房的所有摄像头的后台系统需要进行历史视频的存储，可以进行回放，完整记录入库人员和出库人员在进入档案库房、在库房期间、离开档案库房整个过程。同时，通过档案室的外门设置门禁系统，利用人脸识别、指纹识别、密码输入的三重验证，并且设置远程授权门禁功能，让门禁的开启和关闭自动匹配视频监控系统，自动截取期间的监控视频的内容，保证人员在进入档案库房期间的行为合法合规，提高在进行视频回放和相关监控工作时的时间效率。另外，在门禁侧面配备安全检查通道门，设定自动报警系统，避免人员未经过符合要求的借阅手续办理自私带出档案材料。

（三）档案信息设备安全保障

提高档案资料设备的安全性。主要是保证各种设备、网络线路、电源连接、各种媒体数据和数据的存储媒介的安全，是对设备的可用性的需求。

①严格执行档案信息系统的门禁规则。门禁系统包括密码、门禁卡指纹特征识别等，是保障档案信息安全的第一道防线。在档案管理工作层级分明的管理体制下，确保档案信息系统的门禁系统的严格执行，不同工作领域的人员之间，按照档案管理部门制定的规章制度进行跨领域的移动。对各部门各层级以及不同人员之间的流动，进行严格的登记机制，并且要对档案信息系统的门禁设备定期进行检测，如是否能依部门、日期、时间、人员名称等查询事件进行纪录，有无非法侵入、意外闯入、资料储存纪录之储存时间是否符合设计需求等。数据存储记录的保存时间是否满足设计要求等。一方面对保障档案信息的安全具有良好的效果，另一方面，能够在档案信息安全受损的情况下，责任到人。

②确保档案信息系统报警设备的灵敏性。档案信息系统的报警设备主要包括声音、红外线以及触动。档案信息系统的报警设备主要针对档案信息安全处于非常规地进行传递、管理、利用等情况。确保档案信息系统报警设备的灵敏性是保障档案信息安全的保障因素。因此，档案管理部门要对探测器的安装方式、有效探测的区间进行定期检测，是否有漏报误报的情况；对警报声级进行测试，是否满足需求；对警报反馈信息进行核对，是否能够准确地反映信息系统安全风险因素所处的位置。

③保障档案信息系统监控设备的覆盖性。档案信息系统的监控设备对保障档案信息安全具有预警作用，其功能主要是对档案及档案设备的监控和对人员的监控。档案监控设备要保证其监控范围能够覆盖整个档案工作环境，定时检测是否存在监控设备覆盖不到的监控死角，并且对监控设备的清晰程度和人员监管也要保证严格按照档案馆所制定的规章制度执行。

（四）档案信息环境安全保障

环境安全技术是指保证档案所处的环境安全的技术，主要包括场地、机房、地震、水灾、火灾等自然灾害的防范，也包括场地安全、防火、防水、静电、电磁防护、线路安全等。档案馆是档案、档案器材的存放地，所以要保证档案资料的安全，必须有一个安全的工作环境。才能为档案信息提供安全保障。

①保障档案工作环境的温湿度。档案室要使用专业的检测设备，采用测试点布点的方法，根据档案室的面积大小，在空调等主要设备都开启的情况下，测试其平均温湿度是否满足规范要求。

②确保防静电装置的有效性。在档案室内，应采取适当的安装方式，在地面上铺上铜箔线，并确保铜箔导线压在地面上。为了防止文件工作和机柜的静电，必须确保在机柜上有一根接地导线连接到主等电位箱。地面防静铜箔线和机柜接地导线，均须归入机房总等电位箱。另外，地板的漏电电阻、等位连通性、空气洁净度也要定时检测。

③防火设备。档案室拥有大量的纸质文件，纸质文件的存放与保管要求档案部门拥有强烈的防火意识和完备的防火设备。即使是在科学技术飞速发展，各种防护措施完善的情况下，火灾的危害足以对档案工作造成毁灭性的伤害。因此，

档案信息安全对于应对火灾的意识应该时刻保持高度警觉。严格执行档案馆对于火灾预防的工作，对防火设备要定期检查是否需要更换，才能预防火灾的出现，并且在突发火灾的时候做到有备无患。

（五）档案信息环境监控系统

档案信息化建设的基础建设方面就是档案智慧库房的建设，其原则就是坚持“安全第一、预防为主”的档案安全工作的方针，这也是遵照国家档案局关于《数字化档案馆建设指南》和《档案馆建筑设计规范》（GJ 25—2010）等国家和地区设立的标准规范。在合理的档案库房规划的基础上，采用在行业内较先进的档案库房管理硬件设备，通过物联网和人工智能等技术，实现档案实体的智能管理、智能安全防控管理、无人值守库房等。同时，通过智能设备来进行档案库房的环境监测，如设备采集到档案库房的湿度、温度、是否有漏水情况、是否存在人员入侵情况、是否有火灾等，并通过自动化的模式进行调控，对档案库房的温度进行增减，当湿度过高时进行除湿，当湿度过低时进行加湿，还可以对空气进行净化处理，日照强烈时进行自动关闭窗帘、灯光等，在保障档案实体安全的同时，也维护了在档案库房这种密闭空间中工作的工作人员的身心健康。通过智能化的环境监控系统，推进档案库房的创新管理模式，减少人工消耗，提升档案库房的智能化、自动化的水平，提高档案实体库房的安全水平。

（六）档案信息网络安全保障

档案信息属于保密内容，在进行档案数字化加工以及后期信息数据共享时，在档案管理系统和云存储中心中，加强网络安全数据的安全领域的还需要有如下的保障措施。

①从被动安全型向主动安全型转型。面对日新月异的网络病毒和黑客技术，网络安全受到多样化攻击。数据的安全性维护主要表现可以对安全事件和安全风险进行预警，持续监控和主动发现潜在的风险，用完善应对机制化解数据安全危机。同时，对于核心技术数据加大保护级别，防止内部技术数据信息安全的泄漏。

②建立“大安全时代”。随着云计算、大数据、物联网、人工智能等新技术应用的普及，网络安全领域所处的环境已经发生根本性变化。网络攻击的手段越来越复杂，所产生的影响与危害也越来越严重。当今的网络安全行业已经进入“大

安全时代”，档案信息资源的网络安全防范可以从以下方面采取措施：一是对档案信息数据和数据灾难进行备份与恢复，访问权限控制，对信息数据采取加密和防护方面的措施；二是注重强化三个网络的物理隔离措施，三个网络分别为公共网络（在档案信息资源的数据输入和输出）、外部网络（档案信息资源数据的更新发布与利用）、内部网络（档案信息资源数据的日常管理和维护），并采取保有可行的防病毒措施（如加装安全网络防火墙），构建并持续完善网络病毒的入侵自动扫描检测及清除系统，避免任何渠道的网络安全漏洞。

四、档案信息资源安全保障

具体来说，可以从制度、技术、人员三个层面采取有效的安全防护措施，保障档案的真实、完整、可用、安全和跨域共享平台运行安全、可靠、稳定。

在制度层面，落实安全责任制，明确工作人员在维护档案信息资源安全方面承担的具体责任，加强安全责任制度落实的监督检查和考核力度，并与平时的绩效奖励、职位晋升挂钩；健全安全应急管理制度，针对平台系统在运行过程中可能存在的安全风险以及可能产生的安全纰漏，档案信息化建设主要负责人要带领相关工作人员进行科学及时预测分析，并针对这些问题开展深入研究，制定出相应的应急管理制度，保证能够在系统安全问题发生的第一时间及时采取有效措施进行修补与恢复；建立安全管理检查制度，系统维护人员应定期对平台系统安全进行检查，及时发现并处理系统可能存在的安全问题，防止因安全漏洞不断扩大而严重影响档案信息化建设的正常运行。

在技术层面，要充分利用现代化技术保护档案信息，防止档案资源，档案信息尤其是涉密档案信息资源在传输、存储、利用时被不法分子恶意泄露、窃取和篡改。如可采用数字水印技术，通过嵌入的技术将水印隐藏在文档、图像、声音、视频等形式的生态环境档案中，可有效识别和限制非法用户的恶意攻击；数字签章、数字签名可以有效保证档案在不同管理平台中快速、保密、安全、合法传输，确保档案信息内容的真实与完整；利用防火墙、入侵检测等技术，对跨域共享平台进行实时入侵检测，采取相应的防护措施，如档案传输过程中遇到黑客袭击可根据预设好的指令及时断开网络连接，提供安全的网络保护，降低档案资源共享的网络安全风险；采用身份认证和访问控制技术，识别进入平台人员的身份，判定其是否为合法用户，并限制不同身份、不同职务、不同级别利用人员在平台中对档案信息资源的访问权限。

在人员层面，主要是针对平台管理人员和用户的安全防范措施。一方面，对档案信息化建设、管理、运行维护人员加强教育培训，宣传档案信息资源安全的重要性，强化相关工作人员的安全意识，提高其安全防护能力与技能；另一方面，档案资源平台的利用者大体可以分为各级各类档案馆、相关政府部门、企事业单位、社会公众四类，可针对不同类别的用户设置不同的访问权限与利用范围，在充分满足用户利用需求的同时确保档案信息资源的安全。

五、档案信息数据安全保障

（一）提升档案数据质量

随着互联网和信息技术的发展，档案数据成倍数地增加，如何安全存储与管理海量档案数据成为目前档案管理工作的重中之重。加强档案数据安全管理，不仅在于对于档案数据外部的传输过程和传输载体，更重要的是对于档案数据本身的关注，主要是要保证档案数据的内容安全，提升档案数据的质量。档案数据是数据资产，档案数据的质量是档案数据治理工作的关键。想要更好地开发利用档案数据资源，先需要保障档案数据的质量，这里的数据质量主要包括档案数据的完整性、准确性和真实性。提升档案数据质量可以从两方面入手，判断档案数据质量和加强档案数据质量控制。

档案数据质量的高低可以依据档案数据的完整性、准确性和真实性程度来进行判断。档案数据的完整性是指要保证档案数据的关联性，不要破坏档案数据的完整的、系统的状态，不要割裂互相联系的档案数据整体；档案数据的准确性是指档案数据所记录内容记录翔实，准确无误；档案数据的真实性是指档案数据所记录的内容要和实际内容相符，与事实保持一致，即档案数据的权威性。会影响档案数据质量的因素有很多，主要分为人为因素和环境因素。人为因素是指档案数据治理的主体所进行的各项档案数据管理活动，在这些活动中所采取的种种不规范的行为都会直接影响档案数据的质量。环境因素是指档案数据所运载、存放的环境发生意外变化，导致档案数据遭到破坏。因此需要加强档案数据的质量控制。

加强档案数据的质量控制需要准确地把控影响档案数据质量的关键因素，然后针对这些影响因素采取措施进行防控。档案数据质量控制必须贯穿档案数据生命周期的整个过程，从档案数据的采集与编制、审批、传输、处理到鉴定、存储、分析与利用、销毁阶段都需要进行档案数据质量的监控、评估、识别、判断、分析、反馈与修复工作。而这些档案数据质量控制工作都依靠各种防控措施、技术、管理方法和制度来实现。

（二）加强档案数据安全防控

当代档案信息化建设与管理中档案数据成倍数增长，计算机与互联网技术的智能性为档案数据管理提供了诸多便利的同时，其开放性与共享性特征也给档案数据的传输与存储带来了风险，因此要想更好地保存和利用档案数据，保护核心技术与资产，必须加强档案数据的安全防控。加强档案数据安全防控有很多措施，包括多重档案数据安全防控技术手段、内外网络壁垒、故障修复措施等。

①安全防控技术措施。通过各种信息技术与管理方法对档案数据生命周期全流程进行安全管控，确保各个环节安全、平稳流转。如非法入侵自动报警系统、信息智能检测、用户身份鉴定、加密技术、数据异地、异质备份、设置防火墙等，从档案数据产生的源头、过程和终端各个环节规避潜在风险，确保档案数据的安全。

②网络壁垒。由于互联网的共享性和开放性，档案数据在传输和存储中会面临极大的泄露、丢失和损坏的风险，为解决这一问题，可以通过设置与互联网不互通的内部网络，专供内部人员使用，一定程度上保障档案数据不被外部入侵和盗取，也防止档案管理人员随意地将重要信息分享到互联网，造成档案数据泄露。

③故障修复措施。要提前做好数据危机发生时的应急管理方案，应急管理方案需要预设在档案数据管理过程中可能遇到的各种故障，并对故障进行分析与判断，划分故障类型，问题发生的原因，可能导致的最坏结果，多种故障处理方法以及经验总结。

六、档案信息人员安全保障

人员维度包括档案工作者的专业能力和思想道德素质的提升，档案利用者的监督以及社会整体档案信息安全素养的提升。人为意识对档案信息安全的重视，是档案信息在数字化转型的背景下，进行政策制定，管理约束，技术发展来保障档案信息安全最为重要的步骤。

（一）强化档案工作者的信息安全防御能力

①保证充足的人才供给，确保人才的专业程度。要想实现从档案大国向档案强国的转变，在保证档案工作人员数量的基础上，要对档案人才的专业程度进行一定的提升。加大档案工作人员继续教育规模，定期对已经加入档案工作的人员进行档案工作培训，确保档案人员的专业素质水平，对其档案管理技能和操作效率进行重点关注，在培训的过程中设置相应的技能操作训练，让档案工作者在实际操作中能够熟练使用计算机系统中的存储、编辑、统计等不同的功能，对提升档案信息的安全指数，具有重要的意义。

②强化档案工作者的档案数字化素养和能力。档案数字化素养是指在数字信息化的背景下，用户能够认识何时需要利用档案信息，并且能够选取有效的方式，利用信息技术、评估和筛选所需要的档案，同时又需要具备一定的档案保护意识，能够在不伤害档案载体及其本质的前提下综合利用档案信息的能力。数字化意识是各项数字化研究和工作得以开展的基础，也是数字化素养的核心，因此，培养档案工作者的数字化意识，强化档案工作者的数字化素养，提高档案工作者的数字化能力，是传统档案产业应对数字化转型的重要策略。

③加强档案工作者的风险应对能力。在信息技术迅速发展，档案工作面临全面信息化的背景下，要提升作为档案工作主体的档案工作者应对信息安全风险的能力。首先，档案部门应该对于档案实际工作中出现过以及有可能出现的安全风险情况进行预先识别，将风险识别表进行发布确保每个工作岗位的档案工作者对于可能出现的安全风险有识别的能力；其次，提升档案工作者的计算机水平，培养档案工作者的应对信息安全风险的能力，使档案工作者在面临档案信息安全问题的时候，有能够应对的能力；最后，完善信息安全风险应对的流程，并且确保每个档案工作者都能数量掌握，以保障档案信息的安全。

（二）提高用户的档案信息安全防范意识

①加强用户的档案信息安全教育。国家应将档案信息安全思想政治教育工作

进行落实，提高用户对档案信息安全的重视程度。档案部门利用公众号等平台，对档案信息安全教育的视频、文字等进行定期的宣传，以达到用户利用档案就有防范意识。档案信息化建设中可以将档案信息安全相关的法律法规，以故事、漫画、海报等形式在档案馆中进行宣传，将档案信息安全以碎片化的形式融入用户使用的日常，提高档案用户的信息安全防范意识。

②强化用户的监督者角色。档案利用者对档案管理工作的方方面面都会产生很大的影响。通过对档案管理中的各种事务进行监督，了解其所提供的服务是否达到了期望，满足了自己的需求以及个人的个人资料是否存在外泄等问题，直接或间接地反映了档案管理工作的各个方面。加强使用者的监督作用，是构建档案资讯安全社区的一个重要步骤。强化用户的监督者角色，是打造档案信息安全共同体的重要一步，能够很大程度上维护档案信息的安全。

③完善用户投诉机制。档案管理机构应落实档案的投诉通道，完善用户举报程序，及时更新反馈机制。搭建用户权益保障平台，制定相关的法律法规，保障用户信息安全。设置匿名反馈机制，允许用户采用匿名形式对档案信息安全问题进行反馈，并及时处理，以达到用户监督对档案信息安全的外部监督作用。

（三）培养社会的信息安全素养

信息安全素养是指在信息化条件下，人们对信息安全的认识以及对信息安全所表现出来的各种综合能力，包括信息安全意识、信息安全知识、信息安全能力信息伦理道德等具体内容。

①认知档案信息风险事件。将典型的档案信息泄露、档案数据篡改、病毒非法入侵档案系统等档案信息安全事件进行梳理与分析，进行案例宣传与教育，对造成档案信息不安全的因素进行系统的总结，形成档案信息安全风险识别机制，从而建立真实情境帮助公众全面认知档案信息不安全事件，以便在真实的档案信息安全风险面前能够触发信息安全意识，并实施信息安全保护的行为。

②提高档案信息安全防护意识。借助社会舆论的力量，通过社交网络等多媒体平台，对档案信息泄露的危害进行宣传，使其充分了解档案信息泄露、档案信息失真等信息安全事件给个人所带来的危害，从而强化社会公众进行个人信息安全保护的动机。加强对档案强化公众对档案信息安全的重视程度。

③增强对档案信息安全的学习能力。要培养公众的信息安全能力，而能力的培养不限于信息安全知识的教育，还需要对相关的信息安全检查、识别和积极应对等实际操作能力进行培养。作为主要人才输出的学校教育，应培养学生对计算机系统工具或第三方软件对个人终端进行安全状态的检查与修复能力，使学生学会对个人账户的登录状态进行定期检查从而发现异常登录、学会设置方便自己记忆的强壮密码、会识别钓鱼网站等，从而避免私人档案信息的泄露。作为用人单位，应培养员工对信息安全风险的识别能力，学习应对信息安全风险的基本操作，提高员工对档案信息全过程生命周期的重视程度，从而提高整个社会应对档案信息安全风险的能力。

第四节　人才队伍保障体系建设

一、树立档案信息化观念

档案信息化建设的顺利开展，关键就是树立档案信息化观念，加强信息化宣传，增强档案信息化意识。认识到档案信息化的重要性，各相关档案生成部门就会对电子文件的生成和移交等工作重视起来，档案管理部门对于电子文件的保管工作亦会重视。

一是要求档案管理人员转变工作思维，以信息化的眼光看待档案管理工作，将电子文件全流程管理融入档案管理流程，采用新型信息技术，实现档案数据全流程管理。从电子文件的形成开始，树立电子文件全流程管理的观念，为做好电子文件管理工作奠定基础。

二是加强各相关部门对档案信息化重视意识的培养。档案信息化流程复杂，涉及部门多，业务之间多有交叉，需要各部门与档案管理部门合作。全面展开档案信息化的宣传工作，将档案信息化工作纳入档案信息化进程规划中，加强相关部门对档案信息化重要性的了解，清楚档案信息化的保密要求与借阅流程等，为档案信息化奠定基础。

二、实施档案信息化的人才保障

人才作为档案管理数字化转型中的生产力资源，人才保障至关重要。要实现档案信息化建设，需建立档案数字化工作组织，对档案信息化工作进行统筹规划、组织实施、协调管理、安全保障、技术保障、监督检查、成功验收等，以确保档案信息化建设各项工作顺利开展。

在原有人员队伍的基础上，进行人才盘点和能力测评，对具有一定专业水平、实操经验的员工大力留用，让更多对档案信息化建设工作感兴趣，组建一支主动谋事、敢于斗争、坚定信念、勇于创新、迎难而上、担得起重担、遇事能干、干事能成，能够扛得起档案信息化建设的人员。

对档案信息化建设与管理的领头人，依托在人力资源服务业中的稳固资源，通过高端人才寻访和市场猎头的方式，积极引入，甚至可以通过特殊人才的方式高薪引入；对于技术团队成员，继续依托自身招聘公司的人才库资源，进行精准筛选和匹配，积极沟通和引入，同时，面向社会进行公开招聘，特别是重点招聘在科技公司从事数字化加工，或者人力资源公司从事人事档案信息化方面有经验的人员加入。

此外，还要依靠专家团队，依靠中国人才交流协会以及各个管理层的各方行业资源，从行业、协会里面搜寻人事档案管理方面的专家，邀请加入专家指导团队。

三、增强档案管理人员信息化素养

近年科学技术不断发展，信息技术广泛应用，要想自如地应对工作，每个员工都应该提升计算机操作能力和应用水平。档案信息化建设中需要加强计算机相关能力培养，使员工的操作水平过硬，以便于拥有优秀的科技档案的管理人才。创造机会加强档案业务培训，学习新的档案管理知识，提升管理作业技能，开阔档案管理视野，并为每个员工提供晋升的机会。有工作动力，才会有工作的积极性，才会在工作中创新思维，进一步促进档案事业管理发展。鼓励员工进行业余学习充电，组建学习交流小组，分享新的档案专业知识。档案管理人员在工作管理过程中，如果发现可更新的管理细节，要提供发现问题解决问题的途径，能够快速解决问题，保障持续的稳定发展。

档案管理人员是档案信息化建设的主要参与者，他们的信息化素养程度与档案信息化工作的水平有直接的联系。

首先，建立档案信息化建设领导小组，将档案信息化素质培养纳入人力资源管理规划，制订档案信息化人才培养科学规划方案，从政治思想、专业技能等方面重点培养。

其次，建立科学有效的人员培养奖惩机制，积极鼓励档案管理人员转变传统思维，学习电子文件收集、整理、保管、检索等管理技术能力，优化档案管理人员知识储备。制定相关技能考核标准，定期对档案管理人员的信息技术运用能力进行考核，依据考核情况结合制定的标准，对考核结果进行奖惩，推动档案管理人员提升专业技能的主观能动性。

最后，档案信息化建设领导小组定期组织学习活动。可定期安排相关领域专家进行指导，学习最新的档案信息化相关技术和知识；参与当地档案行政管理部门组织的档案管理人员知识技能培训学习活动；进行档案信息化建设交流学习活动等，拓宽档案信息化专业知识学习渠道，增加档案管理人员学习机会，全方位提升档案管理人员信息化专业素养。

四、整合优化档案人力资源管理

（一）转变档案人员的服务意识

档案管理员要改变工作态度，创新工作方式，在其位、谋其政、干其事、求其效，持之以恒共同抓好档案信息化建设。与工作绩效月度考核进行挂钩，工作人员在自己的工作中也能够实现自我价值。这些都有利于感知档案管理的深刻变化以及要求档案工作人员要有强大专业技能，能够对本单位档案工作的薄弱环节做到心中有数，重组后建立一个合理的人员晋升体系和员工绩效评估指标，也在一定程度上保障了他们未来的发展道路，给予了他们足够的信心。

（二）加强档案人员的结构调整

整合优化档案信息化人力资源管理应充分思量以下六个方面。

第一，设置人员准入门槛，每位上岗职员都应具备相应的专业理论知识，通过专业理论与实践考试，方可进入工作，这样能够保证档案工作人员的素质，提高队伍的整体服务水平，这样才能在后期保障优质服务。

第二，科学设置岗位，根据职能性质、相关部门的任务和职责设置岗位，当然任职的员工也需提前进行岗位匹配能力的相应考核，之后明确职责，分工也要明确。

第三，制订人力资源建设规划，对档案信息化建设进行完整规划，对当前和未来几个时期所需的用工层次、用工类型和用工数量进行规划，分阶段实施。

第四，招聘系统的实现，一方面，希望社区公开招聘、开放竞争、开放就业，并积极引进所需的具有良好的专业、外语和计算机技能的人才，另一方面，在档案室（馆）促进科学布局的原则，实现竞争职位，工作任命制度。

第五，实施人才分级管理、重组后的档案室（馆）需要不同层次的人才，想要建设好智能档案室（馆）、数字档案室（馆），专业的人才是其珍贵的资源。可以根据职位和人员能力水平和结构的分级管理，按照责任的重要性、复杂性进行分配职位工作，挺高相应的人才梯级分布水平。

第六，建设学习型档案室（馆），长期不间断培训，将理论与实际工作结合起来，个人研究与集体学习相结合，填补工作人员知识盲区，培养专业思维，提高专业素养。

五、建立完善的档案人才保障机制

档案信息化建设最终还是要依靠档案人才来落实。档案信息化建设想要发挥最大化的效用必须依靠档案人才的开发和维护，高素质的档案人才在档案信息化建设运行的过程中不可或缺。因此，各参与主体必须注重人才的培养，建立完善的人才保障机制，为档案信息化建设的平稳运行和长远发展提供保障。

首先，建立健全人才引进机制。档案信息化建设主导部门及相关单位要加大人才引进力度，既要注重引进人才的学历水平和档案专业化程度，又要引进掌握数据存储、数据挖掘、数据分析等信息技术的高端人才，提高档案专业人员的素质和能力水平。

其次，建立健全人才培训机制。就档案信息化建设而言，人才的培训要以档案信息化资源共享平台的建设为导向，通过专题培训、专业讲座等形式，从档案收集、整理、保管、利用等档案基础理论知识和网络技术、信息开发、数据维护、平台运营等现代化的信息技术知识等方面开展，逐渐形成适应档案信息化建设需要的高精尖人才队伍，为档案信息化建设提供高质量的人才资源。针对档案信息化管理专业人才不足的问题，建议重视内部档案从业人员队伍建设，加大人才的教育与培训力度。档案信息化管理应定期举办档案业务培训班，通过档案从业人员苦练基本功，业务大练兵，进一步提升信息化强化档案整理、收集、归档、利用等环节的业务能力，做到适应岗位、精通业务、胜任工作。

①建立完善档案职业培训内容体系。档案信息化建设与管理需针对基础知识加大培训力度，使员工掌握相关概念与产生的深远意义，学习相关制度、流程、方法等基本知识；档案信息化管理需在业务实践方面做好培训工作，使员工能够采取信息化方法针对档案实现接收与存储及管理和有效运用的流程。此外，档案信息化管理需在计算机与互联网及操作等方面进行培训，增强相应的认知，采取现场进行演示及实地加以指导的方式，切实提高实践水平。

②丰富培训形式，提升培训效果。按照档案信息化管理人才岗位特点及专业知识掌握程度，分别采用集中培训、小组交流、经验分享等培训方式，满足不同专业技术人员的培训需求。例如，集中培训能够在全员参与的基础上，对档案信息化管理的共性专业知识进行讲解。考虑到集中培训往往存在着针对性不强的问题，也可以采用小组讨论、经验分享会等途径，小范围地对个别环节进行专门培训，提升参培人员兴趣，保障培训效果。

同时，为了加强档案信息化管理的培训学习效果，档案信息化管理可以在档案系统内构建沟通的载体，定期进行组织与协调，通过相关载体有效地收集档案信息化管理存在的问题与丰富的经验，有的放矢地培训相关业务，有效地解决相应的问题，可普及与推广优秀做法。档案信息化管理可选择员工前往先进地区进行沟通，优化管理思想且丰富实践经验。

再次，建立健全人才考评与激励机制。根据档案信息化建设特点和具体工作职责，制定科学、合理的工作考评制度，从多个层面构建完备的考评机制，这些机制要涵盖档案移交、档案资源整合与共享、平台建设与运行维护等工作过程，对主导单位的档案平台工作人员进行公开、公平、公正的考评，对优秀员工予以一定的表彰和激励。通过考评激励制度不断提高工作人员的责任感、使命感、积极性与工作效率，从而促进档案信息化建设与管理运营水平不断提升。

六、加强档案信息化管理人才队伍建设

（一）完善用人机制扩充档案信息化人才队伍

当代档案信息化人才队伍保障建设要求更多的是重视人才。加强档案工作人才培养和队伍建设，提高档案工作人员业务素质。档案信息化工作的开展必定离不开人才的支持，定期按照国家职业评定要求对其进行相应的考核和评选，培养优秀的人员用以充实员工队伍。各级经办机构务必加强档案人才的培训工作，既具备专业实操素养和能力，也需爱岗、专注、敬业。在实际工作中，加强复合型人才培养和引进，建立多层级人才队伍建设势在必行，应重视档案管理人才的引进，提高队伍的整体技能水平。

（二）提升档案信息化管理人员的综合能力

在信息高速发展的时代，档案信息化的任务不仅是档案信息化负责人的责任，而且是所有档案工作人员共同的责任。培养一批对档案信息化管理模式接受能力强、工作热情高涨、思想转变快和创新能力强的档案工作人员，必将推进档案信息化的工作进程，促使档案信息化快速发展。档案信息化管理人员的整体素质是衡量档案信息化发展水平的重要指标，没有合理的人员结构，档案信息化的持续性发展将无从谈起。这就要求档案信息化管理人员要不断学习，提高自己的专业水平，不仅要熟悉档案信息化的基础知识，还要强化计算机系统的操作水平。

在信息技术飞速发展的今天，计算机技术的影响越来越大，档案信息化工作需要更多高学历、高素质的专业人才，档案信息化管理工作才能跟得上时代发展的步伐。一是要提高工作的积极性，单位应建立完善的奖惩机制，强化素质培训，使其更有责任感；二是档案信息化管理工作需要更多的专业人才加入，提高学历和专业等方面门槛，努力引进高精尖的专业档案人才参与到档案信息化工作中来；三是注重档案信息化管理培训，定期开展档案管理人员参观、调研、交流等活动，学习系统内先进的管理经验和成熟的操作模式，提升档案信息化管理人员的综合素质。

（三）打造档案信息化管理人才梯队

档案管理人员的综合素质是档案信息化取得成功的决定性因素之一，档案管

理人员不仅需要具备优秀的档案业务能力，还必须精通实用的计算机办公技术，这样才能更好地适应瞬息万变的互联网办公环境，因此亟须打造一支高素质的档案管理队伍[①]。

首先，档案管理在我国经过不断的发展，从事该工作的老员工已经积累了一定的相关经验，但是这些员工在年龄层面普遍偏大，对于电脑或互联网的熟悉程度和操作能力有所欠缺。通过现场培训提高这部分人员的综合素质和信息化水平，定期开展计算机、互联网和系统实践操作的培训，将这批经验丰富的档案管理人员推广到信息化管理中。

其次，档案管理中通常有一些兼职岗位，这部分员工流动性高，兼职员工在档案管理任务中缺乏专业性。通过业务培训，提高这部分员工的档案管理水平和计算机操作水平。

最后，复合型人才是档案信息化发展的重要条件之一。将业务水平出众的员工进行集中培训，对其进行专项培训，使其成为这个领域的专家型人才。从而以点带面，带动单位其他员工积极学习，打造一支强大的人才梯队。

（四）配备高素质档案管理专业人才

做好档案服务工作，就要配备高素质档案管理专业人才。由于科技管理水平的迅猛发展，先进技术水平的日益提升，档案管理部门对档案管理专业人才的要求就越来越多，所以，档案管理部门需要加强专业人才的培养。

第一，打造高素质档案行政管理团队。档案行政管理职能中包括拟定档案管理规范性文件并组织实施以及对档案法律法规执行情况的监督检查，这些职能要求档案行政管理人员要懂得档案业务，有一定的档案业务能力，这样才能制定出符合档案工作实际的规章制度，才能做好档案行政执法工作。档案管理部门应完善选拔用人制度，从各类档案馆中选拔一批有档案行政管理工作经验的专业人才，组建一支高素质的档案行政管理团队，以适应档案管理工作的快速发展。

第二，提高薪酬待遇，引进专业人才。当前，档案信息化建设要制定人才引进办法，引入更多专业人才，带动经济社会发展，专业人才为了发挥自身价值、追寻更广阔的发展空间，更愿意到具有发展潜力的城市发展。将档案管理信息化

---

① 吴佩霖．浅析如何提升档案管理人员的综合素质［J］．文学教育（下），2017(4)：183.

作为特色产业来发展，做好人才引进的基础上，加大市场投入，使档案管理价值增值，从而吸引更多的专业人才发展。

第三，加强档案管理知识培训基地工作，加强师资队伍建设。要强化政策保障力量，加强为党政机关人员进行在职教育培养的“阵地”——党校的建设，同时吸纳具备专门教育背景的教师队伍，针对性开展档案管理教育培训。利用其先进的培训方法和先进培训思想，发挥党校在教育培养人员中的功能。加强党校和驻地院校之间的沟通交流，分享在档案学科建设、教学结构等方面的先进经验，以此促进对档案管理人员培训水平的提升。

（五）培育档案信息化管理综合型人才

人才相当于至关重要的建设源，为使档案信息化管理得以持续发展提供保障。档案部门首先要树立整体、动态的人才观。在充分挖掘档案馆内部专业人才潜力的同时，建议采用外部招聘（尤其是应届生招聘）的方式，引进专业亟需人才，形成专业互补。通常而言，通过专业人才引进、聘用第三方专业人才等途径，能够有效解决该区在档案信息化管理过程中缺失专业人才等不足。在培训与选取及运用和评价档案信息化管理人才时，需遵循德才兼备原则；在制订人才职业生涯规划时，要结合实际情况，以群体架构为着眼点，充分发挥人才团队的优势作用。

档案信息化管理需切实提升人才团队的综合素质，提升档案管理人才的专业性，同时对于计算机与法律等专业人才存在相应的需求，以适应该区日益复杂的档案信息化管理需求。这些亟须的专业人才，既可以通过校园招聘、社会招聘的方式从档案馆外部引进人才；又可以从档案馆内部从业人员中优中选优，选择能够适应岗位需求的内部人员，进行选拔与重用。尤其要加强对档案信息、计算机技术、管理理论等综合人才的选拔、引进与培养。在通过外部招聘、引进专业人才的过程中，需要严格把关，既要注重专业人才既有的知识背景能够满足档案信息化管理的实际需求，又要充分考察拟招录人员潜在的学习与业务能力。招录档案信息化管理员工时，需考虑专业等相关情况，以机构需求为依据，在专业上尽可能补齐短板，从而构建一支有机结合档案管理、法律等专业的人才团队。

七、加强档案信息化专业人才队伍建设

人才为档案信息化管理提供保障。目前面对人才短缺尤其是专业化人才不足的情况，建议从建立档案人员的信息化培训机制，强化在岗人员的培训力度，严把进入关，注重引进档案信息化的综合性复合型人才，加强人才团队建设。

人在档案管理工作中处于核心地位，档案专业人才有助于更好地发挥档案管理公共服务职能。在长期的发展中，由于多种原因干扰，档案工作人员普遍存在专业技术不足、人员构成失衡等。为了解决档案专业人才方面的问题，可以从以下三个方面着手。

一是搞好业务培训，增进人员沟通。档案馆工作人员中很大一部分是非档案专业人员，可以通过单位内部建立定期交流、委托培养等制度来建设培训管理体系，通过培训、交流来增强档案工作者的专业技能水平；此外，还可采取开设专题学习班、异地交流学习等形式，深层次学习特定的档案业务知识，将学习成果应用到工作实践当中，不断提升档案工作者业务水平。

二是建立人才奖励体系，创新晋升途径。要建立健全的奖励制度，通过开展业务评比，在竞争比赛中提升业务水平。

三是引进专业人才，推动信息化发展。信息技术的出现，彻底改变了以往档案业务方式，为紧跟信息技术时代发展的脚步，在人才招收和选聘等方面通过事业单位招聘方式进行改革，除招聘档案服务专业人才外，还招聘了信息技术专业人员，并进行了岗前及技术培训等，让他们把自身技能与相关档案服务岗位紧密地结合在一起，以尽快适应档案服务岗位，并发挥技术方法在档案信息业务中的利用，推动档案信息化建设快速发展。

第五节　信息技术保障体系建设

一、档案数据治理的信息技术保障

技术工具是档案数据治理从理论走向实践的重要媒介。技术工具要素在档案数据治理过程中不可或缺，离开了大数据等新一代技术应用，档案数据治理实践

就如空中楼阁一样，难以落地。大数据等新一代信息技术体系在档案数据治理实践中的应用，体现数智技术赋能档案工作智慧化发展，符合智慧治理核心理念。基于信息生命周期构建的档案数据治理技术工具体系能有效覆盖档案数据采集组织、存储处理、共享利用的总体需求，满足治理对档案数据质量、内容及安全等方面的实际需要。档案数据治理技术工具体系由档案数据归档接收、存储保管与共享利用三个阶段组成。

数据归档接收阶段，档案部门需建设完善数据采集技术工具。这一流程过程中，档案部门将数据从外部系统传输到档案管理系统中，实现对归档部门生成数据的抓取捕获。档案数据来源多样，导致采集捕获数据方式也呈现差异。根据档案数据来源主体进行划分，数据采集技术适用如下三个场景：第一，政府机关各部门数据。由于政府信息化与电子政务火热开展，全国各级政府都进行政务数据平台建设，其生成的政务数据大多存储在政务数据库之中。该类数据的采集归档主要采用 API 接口管理技术，有效实现多系统间的数据交互。通过电子数据归档系统与政务系统 API 接口进行对接，实现政务数据采集归档。第二，互联网平台数据。社交媒体数据归档是档案数据归档的重要方向。第三，实时监测数据。这类数据主要通过 RFID（射频识别技术）、传感芯片等物联网技术，实现监测设备（温湿度记录设备、人体穿戴设备等）形成数据的采集工作。监测数据不仅指档案馆外部数据，也包括档案馆各类设备运行过程中形成的管理类数据。

数据存储保管阶段，档案部门需建设并优化数据处理技术工具。档案数据来源多样，格式迥异，结构化与非结构化并存的数据形态导致档案部门需对其进行规范化处理，满足档案管理系统数据存档要求。为此，档案部门需要应用数据规范、清洗、交换及集成等处理技术。数据规范技术通过规则处理引擎、标准代码库映射等方式，为档案数据建立统一化标准化的数据格式，使其符合档案行业规范，能够实现与档案管理系统兼容。数据清理技术主要通过对档案数据中存在错误、不完善及重复等问题的数据进行二次处理，有效提高档案数据质量。数据质量具体衡量标准包括真实性、准确性、完整性、统一性、时效性、可溯源性等不同特征。数据清理一般包括数据质量识别检测与错误数据清洗两个过程。首先，档案部门通过数据审计工具判定档案数据是否存在错误数据、不完整数据、重复数据等脏数据。其次，利用数据清洗工具对脏数据进行处理，剔除或修正不符合规范的档案数据。最后，提高档案数据质量。数据交换技术是实现异构系统档案数据共享利用的重要方法。一般而言，数据交换技术采用基于可扩展标记语言（XML）的信息交换框架，通过人工和机器可读格式进行编码，具备简洁化、跨平台、可延展、可描述等特征，成为互联网数据传输的通用语言。借助数据交换技术，档案部门能有效实现档案数据跨平台共享利用，为数据治理后期跨系统跨平台对接奠定基础。数据集成技术主要解决档案管理系统中存在的数据冗余、垃圾数据过多等问题，实现异构数据集成，保障档案数据质量，提升档案数据利用实效。在数据集成技术应用过程中，一个关键步骤在于数据标准化与元数据中心的搭建，即通过将异构数据进行数据抽取、格式转换与数据重组等步骤，建立统一标准的数据词库，实现一词一义。

数据共享利用阶段，档案部门需建立体系完善的分析技术工具。在档案数据应用阶段，深度开发与价值挖掘是档案数据治理的重要方向。通过搭建完善的数据提供层、语义描述层及知识聚合层为一体的档案数据语义化重组模型，实现档案数据的知识挖掘。档案部门应在建设档案数据资源体系基础上，利用数据统计、数据关联、数据可视化等工具挖掘档案数据潜藏价值，激活档案数据更多功用。利用数据统计工具，有效实现档案数据来源、主题、利用等维度信息统计，为档案部门年度报表编制提供数据支撑。运用数据关联技术，揭示档案数据间语义及语法联系，解决数据孤岛、数据冗余等问题，为档案部门提供更多高价值高密度信息含量的数据资源。数据关联技术主要包括两种数据链接方式，同一性关系链接与相关性关系链接。同一性关系链接主要实现同一事物在数据中的不同表达方式，即语义一致性①。

二、档案数据治理新技术的应用

档案数据治理技术是指在档案数据采集、传输、存储和分析利用的各个阶段中应用的技术集合。合理利用计算机技术来优化档案数据治理水平，切实解决档案数据管理过程中遇到的技术难题，通过档案数据治理新技术促进档案数据治理实践，将信息技术应用到每一个环节，推动档案信息化建设与管理。

在档案数据采集阶段可以采用机器学习和人工智能技术自动采集与编制，减

① 孙莉莉．电子信息化在现代档案管理中的应用研究［J］．黑龙江史志，2014(7)：155.

少档案管理人员手工采集的错误，通过自动识别和检索依据统一的元数据方案填入编制信息，更加方便高效；在档案数据传输阶段可以运用区块链技术，保障档案数据在传输过程中可以不被篡改、不易丢失、加密传输、路径可追溯，抵制外来黑客的攻击和企业内部管理人员的恶意行为对档案数据内容及格式的破坏，更好地保障档案数据的安全；在档案数据存储阶段可以运用数据库技术，为档案数据的存储提供更加安全可靠的存储载体，数据库存储空间更大，存取和检索方式更加智能；在档案数据分析利用阶段可以运用数据关联分析、数据挖掘技术，根据企业用户的需求生成算法，对档案数据资源进行分析与语义挖掘，探索用户身份、利用习惯、检索内容以及职能性质等数据之间的关联性，提高档案管理系统的检索速度和检准率，从而更好地为用户提供档案数据利用服务。

不仅如此，通过数据挖掘技术还能将档案数据资源通过关联性与逻辑性进行整合分类，将具有隐性价值的档案数据转化为显性的知识资产，为档案信息化建设与管理决策提供方向。

三、档案信息内容安全保障技术

（一）档案信息格式保障技术

《电子文件归档与电子档案管理规范》(GB/T 18894—2016 是目前我国在文件格式表达方面较为完整的国家标准，《电子文件归档与电子档案管理规范》中规定了八类电子文件类型，包括文本文件、图像文件、图形文件、影像文件、声音文件、超媒体链接文件、程序文件和数据文件。信息格式的保证是建立在传统的文档寿命理论基础上的，它把文档的生成、毁灭、永久保存看作是一个整体的活动，它可以分成几个阶段，而文档的价值特征、服务对象、保管地点和管理方式都是不同的。文档关系型数据库向 XML 文档的转换所应遵循一定的格式和要求，将文档的格式与软件分开存储。理想的电子文件长期存储格式应该具备格式自描述、文件自包含、持续可解释等核心功能。所以，按照文件的包装复杂程度，可以对其进行归类，从而使其形式更为清晰。例如，一个简单的档案格式，可以仅含有一个没有被压缩的资料的位流，也可以包括要对其进行编码和压缩的译码器，也可以是“容器”或者“封装”。如视音频等复杂的格式，通常包括音频、视频、静态图像以及相应的元数据。

（二）档案信息传输安全保障

哈希算法是一个广义的算法，通俗来讲就是接受一个不限长度的输入返回一个固定长度的输出。哈希算法的使用可以提高存储空间的利用率和查询效率，其不可篡改性常常用作数字签名来保障数据传递的安全性，因此哈希算法被广泛地应用在互联网应用中。档案信息的安全传输可以借助哈希值对信息内容进行特征运算，得出的数字摘要具有不可逆向性，然后通过该数字摘要来锁定档案内容信息，并对该数字摘要文件加盖可信时间戳。由于时间戳具有不可篡改性且不可伪造，在档案信息的接收之后可以通过验证时间戳来证明其数字摘要文件是否原始的，进而证明待接收的档案信息内容的原始性。档案保管机构在接收各机构汇交上来的信息、数据时，可以通过哈希运算验证其原始性，如果对比哈希值一致，即可接收。在档案的共享利用、归档保存等环节，都可以通过哈希值对数据进行的检验，从而确保档案信息在其生命周期的每个环节的信息内容原始性，进而保证档案的原始记录性。对于接收的一方，要及时对数据和信息内容进行审查，然后将无误的信息再次经过哈希运算进行固化，并定期检测数据状态，保证信息安全。

（三）档案信息语义完整保障技术

区块链就是保存在区块中的信息按照各自产生的时间顺序连接成的链条。这个链条被保存在所有的服务器中，只要整个系统中有一台服务器可以工作，整条区块链就是安全的。在区块链中，这些服务器被称为“节点”，为整个区块链系统提供储存和计算能力。要在区块链中更改资讯，需要经过超过一半的节点同意，并且在所有节点内更改资讯，而这些资料由多个受控者共同控制，所以要在区块链内更改资讯是非常困难的。

与传统的网络相比，区块链有两个主要特征分别是数据不易被篡改和分散。由于这两种特性，使得区块链所能提供的资讯更具真实性和可信度，能有效地解决人们之间的不信任。区块链的存储技术特征与数字文件的长期存储需求是一致的。在档案的长期保存中，对区块链技术的使用本质上还是依靠哈希算法不能篡改的特点，从而保障档案信息的原始性和信息内容的完整性。

在档案信息化建设与管理中，档案管理对象已经不仅是档案信息本身，而且是对数据的管理，因此档案信息安全保障不仅要保证其信息内容的安全，还要保证其语义信息的完整。档案信息在数字化转型背景下的要求已经从“可读”转变为“可理解”，加强档案信息系统的语义识别功能，是保障档案信息化建设与管理中能够可用、可读、可理解的重要的里程碑。

第七章 档案信息化建设与管理创新探索

社会发展日新月异，在信息时代洪流的迅猛冲击下，档案信息化建设与管理创新探索显得尤为重要。在档案信息化建设的过程中，新兴科学技术的发展迫使传统的档案管理工作流程发生了巨大的变化，变得更加快捷和高效，极大地节省了人力、物力和财力，档案管理工作变得更加规范和安全。但我们决不能止步于此，要在现有的基础上，立足长远，不断创新。在推动档案信息化建设的同时，要做好安全防护，实现档案信息化建设的稳步运行和长远发展。本章则围绕档案信息化建设的实施策略、档案信息化建设的未来展望、档案信息化管理的创新探索等内容展开研究。

第一节 档案信息化建设的实施策略

一、宏观方面的策略

（一）完善信息化基础性设施

1．完善基础性设施的必要性

要想实现档案管理信息化的宏伟目标，基本前提就是要有完善的基础设施。随着各种网络服务平台的出现，档案管理工作变得更加便利、更有效率，大量按保密等级划分后可以对外公开的档案资料，我们都可以通过档案管理服务数字化信息平台进行社会共享。虽然各个档案管理机构的信息存在些许差异，但是网站有通用性，这表明所有人都可以享受该平台带来的信息化服务，这极大地提高了档案管理工作的效率，并且大大提升了档案管理的信息化程度，加快了档案管理信息化建设的脚步。

2. 完善基础性设施的举措

在推进档案管理信息化建设的过程中，档案管理部门应该提高对档案管理工作的重视程度并加强对信息化基础性设施方面的投资力度，努力配置完备的信息化软硬件设备。硬件设备，如客户端、服务器、数据库、防火墙等。应该结合档案管理工作的实际需要，在全面引进和配备计算机、扫描仪等信息化设备的基础上，加快其他各类辅助设施的建设。在大数据的帮助下，运用新兴网络信息科学技术建立档案管理数字化服务平台。

3. 使用基础性设施的前提

档案信息化软硬件设施投入使用的前提是，具有专职的档案信息化管理与专业的业务人员。这些人员能够对各类档案信息化管理设备设施的使用、管理进行掌握，并且具有较高的素质与服务意识，既能够结合档案信息化管理过程中的问题进行专业攻关，又可以根据不同用户在档案信息化管理过程中进行耐心解答。

4. 做好基础性设施的防护

①购置与有效运用数字化软硬件，高速平板扫描仪、蓝光刻录机、刻录盘、计算机终端、数据库、服务器、显示屏等软硬件设施，并为这些软硬件设施配置安全防护，确保各类档案信息的安全可控、在控。同时，应加强对档案信息化管理软硬件设备设施的定期巡检与维护，提高服务设备的在线率、降低故障率，让广大档案管理需求者切切实实获得档案信息化管理带来的益处。

②全面规范档案实体和信息安全管理。档案信息化管理应加强档案库区安全管理工作，做好温湿度控制、门禁等安全设施的规范使用。做好档案查询系统、管理系统、机房设施设备运行维护、档案管理系统网络安全以及相关设施设备安全维护等工作。

③档案信息化管理要落实安全工作责任。强化日常管理，健全档案安全制度，加强法定节假日安全检查和安全隐患排查。尤其在核心档案管理的过程中，需要定期加强该类档案管理人员的培训力度、软硬件设备设施的使用以及安全保密工作的到位情况等，全面提升档案信息化管理的水平。

④档案信息生成、整理、归档等环节的标准化、规范化。

⑤档案部门应加强对各单位在进行档案信息化管理时的监督力度，并耐心指导，提出行之有效的方案。严格按照相关标准规范，明确各机关、企事业单位电

子档案处理程序和相关部门及员工岗位标准与承担的职责，各项工作须通过专人承担责任，针对各机构的档案信息化需加强领导与责任的贯彻。

（二）加大资金管理资源投入力度

1.资金投入的必要性

档案工作做得好才能够真正起到围绕中心、服务大局与促和谐、保稳定的作用，按照现在时代发展变革的趋势，档案信息化管理工作在一定程度上已经撑起了日常档案管理工作的“半壁河山”，未来还将继续走向现代化、科学化、系统化，档案管理部门有必要加强对档案信息化管理的重视程度，增加档案信息化管理资金和管理资源的投入。

2.加强专项资金的投入

加大专项资金投入。实现档案信息化管理需要大量资金的支持，因为软件平台开发就需要大量的人力物力成本，开展纸质档案数字化扫描工作也需要花费一定的资金成本，再加上后期的档案信息化管理系统的日常运维和管理，都得跟上配套的资金投入。

3.加强管理资源的投入

加强管理资源的投入，除了加大资金投入外，还需要将领导层面的管理资源与日常管理侧重点要向档案信息化管理工作倾斜，进而提高各部门对档案信息化管理的重视程度。如可以由级别较高的领导兼职分管档案工作，甚至是直接明确专职分管档案信息化管理工作，这样对档案信息化管理水平的提高起到的正面效果“立竿见影”，进而发挥出公共管理对档案信息化管理的推动作用。

（三）建立阶段性发展目标

1.切合实际地制定目标

档案信息化建设是一个需要长期实现的过程，当前，如果一味地追求档案信息化建设工作进程的迅猛发展，不顾建设质量和效能的话，势必会与原本的建设初衷南辕北辙，造成难以挽回的损失。因此，档案管理部门要有正确的现代化档案信息建设的发展理念，根据当地现代化档案信息建设的实际需要，制定出与实际需求相适应档案信息化建设目标，为后续档案管理各项工作的顺利开展奠定了扎实的实践基础。

2. 建设目标的阶段性划分

档案信息化建设目标主要包括两方面分别是长期目标和短期目标。

（1）短期目标

在档案信息化建设的日常工作内容中，短期的工作目标主要包括了以下内容。

①加强档案管理部门办公基础设施的配备工作；通过完善和配备高性能的基础设施，可以推动档案信息化建设的稳步发展。

②培育专业的档案管理工作的复合型人才，创造良好的环境，推动档案信息化建设变得更快、更稳、更好。

（2）长期目标

长期的工作目标主要包括了以下 4 个方面。

①完善发展保障机制。在国家相关政策和重大举措中强化电子档案管理要求，一是为档案信息化建设营造良好环境，推进档案信息化融入数字中国建设；二是明确主体责任，各级党委、政府及企事业等相关主体应将档案信息化建设纳入相应规划，建设工作协调机制；三是加强政策法规及标准供给，完善档案信息化建设的制度和政策，推进电子档案、数字档案馆等重点领域的标准建设；四是推进档案信息化基础设施建设；五是开展监督指导工作，对档案网站建设、电子数据归档等关键环节进行监管。

②建设数字档案资源体系。从电子化迈向数据化推进档案资源的数字转型，一方面，要继续加快档案数字化工作，推进存量档案数字化；另一方面，要落实电子文件、政务数据、科研数据等原生性数字资源的归档，并对其单套制归档提出更高的要求。

③提升数字化服务水平。在资源开发层面，探索知识管理、人工智能、数字人文等新兴信息技术在档案信息深层加工中的应用。进行档案信息资源共享平台建设，实现档案信息资源跨馆、跨层级、跨部门共享利用，推动档案资源服务融入国家公共服务体系。

④保障档案信息安全。一方面，对档案信息化建设中的数字化、信息系统建设等关键环节实施监控；另一方面，从基础设施、信息技术到体系机制全方位形成系统和信息的管控体系，并结合备份工作全面提升档案数字资源安全管理能力。

二、微观方面的策略

（一）做好服务系统的应对策略

1. 信息安全策略

档案信息查询服务者在进行档案信息的查阅利用时，需要按照电子文件和电子档案管理系统统一的安全操作标准，通过一系列的审批流程获得相应的查阅和调配权限。档案管理系统需要根据档案信息查询服务人员所使用主机的硬件环境，生成机器密钥和借阅人身份密钥，对档案进行自动地加密处理，这个档案信息就只能由档案信息查询服务人员在该主机内才能正常访问，其他任何方式的浏览或拷贝在其他信息设备终端或档案管理工作站都无法访问该档案文件。

2. 输出保护策略

过去档案管理系统中的档案文件在点击下载到信息设备终端上查看和操作时，档案信息处于明文状态，由于用户信息设备终端或信息网络存在严重的安全隐患，容易造成因档案信息外传而导致信息泄密的严重后果，因此，我们需要对档案信息进行版权加密保护。加密保护技术主要涉及数据传输过程进行前以及在用户信息设备终端上的保护。可以使用非对称算法对文档内容的加密密钥进行加密，采用标准的对称算法对文档内容进行加密。

3. 操作控制策略

确保档案信息安全的关键就是对用户操作的控制。为了实现档案信息的防泄密和防篡改，实现对所有档案信息的操作控制，只有通过设定安全保护策略，把管理要求嵌入电子文件和电子档案管理系统中这个目标才可能得到实现。该技术主要包括操作告警、进程控制、截图控制等。

4. 设备管控策略

设备管控策略指通过管控涉及档案信息查询利用的设备，来达到确保档案信息安全，规避设备引起的风险的目的。可以对相关设备和每台计算机终端进行登记备案，并做好标识，发现非法接入的计算机或设备时自动报警；根据实际工作需要，把计算机上所有可连通的网络口和端口，如 Wi-Fi、串口、光驱、USB、蓝牙等进行管控。如需加密，必须通过档案管理员的认可，履行相应的行政审批程序，并对此进行记录；加密存储档案信息的存储介质，就算存储介质丢失，别人也无法解密；只有在指定人员的计算机上，利用专门的解密工具和密钥才能对所导出的档案信息解密，以确保档案信息的安全。

（二）提高档案信息化水平

提高档案信息化水平及应用信息的整个过程都需要加强规范化，使档案信息的服务体系更加高效。

1. 了解实际需求

要深入了解档案信息资源实际需求信息的内容，对信息进行分类和整理，把所采集信息规范化、标准化，以便于传播，同时也要建立标准的、规范的与权威的各领域的信息采集及处理系统。

2. 制定统一标准

要制定信息传输、共享以及存储等技术的标准，使其规范化，保证一切档案信息服务平台和各个档案工作相关的网站无缝对接，紧密相连。

3. 软件开发标准化

各类实用的档案信息应用软件和硬件的开发要标准化，实现信息资源在各个硬件载体及软件平台上都可以被顺利获取。各级档案管理部门要通力合作，摆脱各自为政的局面，解决信息孤岛的问题，实现档案信息资源的有效整合。为了持续建设档案信息服务体系，需要建立一套实用的考核制度，考核的内容应包括建设档案信息化建设服务体系的服务规模、服务质量、服务效果与用户反馈等，从而建立更加完善高效的农业信息服务体系。

（三）加快档案资源数据库建设

1. 提高现有数据库的性能

目前，我们所拥有的档案信息数据库的种类需要进一步丰富，不断提高建设质量，将3S技术（遥感、全球卫星系统、GPS、地理、信息系统）多媒体技术、数据检索等先进信息化技术应用到相关档案管理数据库当中来，对档案信息数据库的建设要合理规划，重点开发，丰富档案信息数据库的类型、内容，扩大数据库的建设规模，建立完善有较强实用性、公益性、规模大的基础型和应用型档案信息数据库，提高更新数据的速度，将智能、多媒体技术充分应用其中。

2. 实现现有数据的社会共享

在现有数据库检索技术上，将各类档案信息数据库结合模拟模型、过程控制及专家系统等技术，大力开采海量的、非结构化、无序的数据资源，例如图形数据、文本数据、声音数据、图像视频数据与多媒体综合性数据，有效及时地提取有用的信息。持续标准化档案信息数据内容、系统建设、采集处理等方面，推进数据库的广泛共享，打破不同数据系统及格式之间的障碍，使档案信息数据库成为档案信息化建设的重要战略资源。

（四）建立科学引才育才机制

1. 简化人才引进流程

如简化各单位工作人员引进流程，将档案专业或信息化专业设置为急需紧缺型专业，面向全日制硕士及以上学历相关专业的毕业人员或者“双一流”建设高校相关专业的全日制本科毕业生可通过简历比选、面试、体检、考察确定档案单位聘用人员名单，并落实相关编制。当然也可以前往知名高校内部举办高校毕业生专场招聘会的形式，吸引档案专业、信息化专业的人，进档案部门参与档案信息化管理工作，提高当地档案信息化队伍的整体业务水平。

2. 解决后顾之忧

首先，在档案信息化管理专业人才引进之后，要切实解决好他们在本地安家落户的后顾之忧，不仅可以根据本地的实际薪资待遇水平和经济发展程度发放一次性人才引进补贴。

其次，可以从住房、婚恋及子女教育等方面给予其一定的保障，让档案信息化管理人才“引得进”“留得住”。

最后，还要大力培育培养本地区档案专业人才。每年统一规划、合理设置档案管理人员教育培训计划，有针对性地加强档案信息化业务培训工作，可以从当地建立的档案信息专家智库中挑选出一些专家，给各部门现有档案干部和从业人员专门进行信息化相关业务知识培训，创新培训内容、改进培训方式，着力提升档案信息化管理水平，确保现有档案干部能扛起部门档案信息化管理工作的重任。

（五）优化档案人才队伍结构

1. 优化的必要性

在档案信息化管理过程中，需要不断地改进和优化档案人才队伍结构。从当前基层档案管理人员的现状来看，各档案管理部门都或多或少缺乏以下三种类型人才：①档案专业管理人才，如优秀的档案学专业大学毕业生和基层档案管理工作经验丰富的档案工作人员。②信息化专业人才，如应届优秀的计算机专业大学毕业生和知名“互联网大厂”的软件工程师和网络工程师等。③公共管理型人才，如应届优秀的公共管理学专业大学毕业生，社会上公共管理领域的专家和学者等。

2. 优化的方法

在如今档案干部队伍“老龄化”问题比较严重的背景下，亟须优化基层档案干部队伍结构。例如，可以通过收集汇总档案学、公共管理学或者计算机专业的大学毕业生，或者拥有计算机或档案初级以上职称的，或者拥有 5 年以上信息化岗位或档案岗位工作经验的工作人员信息，建立档案信息化专家智库。在同一部门内部优先安排使用。

档案信息化专家智库成员在档案信息化管理岗位上工作，确保专业的人做专业的事。如因工作需要开展档案重点任务或重点项目攻坚时，可以统筹抽调档案信息化专家智库成员去一线攻坚克难。只要有利于档案信息化管理工作的开展，甚至可以建议组织部门，跨部门抽调调配档案信息化专家智库成员，尽量安排到紧缺急用档案信息化专家的部门。

（六）关心关爱档案干部成长

1. 人才流失的原因

档案干部队伍相对比较不稳定、流动性大的原因，主要是由于档案工作与其他工作相比属于基础性、辅助性工作。一些机关机构改革后，由于档案馆的单位性质和人员身份没有及时明确，导致出现了人才流失现象。

2. 保护人才的方法

①要尽快完成档案馆的参公审批工作。明确档案馆为事业单位，档案馆干部为参照公务员法管理工作人员，有利于进一步稳定档案干部队伍。

②注重提拔。在干部提拔任用现状中发现，从单位角度来看，都是综合部门

或负责经济发展、社会管理的“大”局优先考虑，而档案局、档案馆属于边缘单位和“小”单位提拔任用的机会较小。从人员角度来看，在同一部门里，重点岗位例如综合文字岗、重要业务岗的干部一定会比档案岗位上的干部优先考虑使用。

③关注身心健康。由于档案工种特殊性，长期在档案岗位上工作的干部，经常要忍受档案室和档案库房霉菌，有毒有害物质、气体的侵蚀，会对身体和心理健康造成一些不可逆转的伤害。所以，应该建立一套激励保护档案干部机制，同时关心关爱档案干部成长，让档案干部感受到组织大家庭的温暖，保持档案干部队伍的长期稳定，进一步提升提振干部锐意进取、苦干实干的精气神，以昂扬斗志推动档案事业创新发展。

第二节　档案信息化建设的未来展望

信息技术在给档案管理行业带来新机遇的同时，也带来了新的风险和挑战。面对信息技术的快速发展，未来档案信息化的发展趋势也逐渐显现。

一、优化传统档案工作的流程

（一）提高工作效率

传统的档案管理工作效率相对比较低，逐渐无法满足现代化发展的需求。档案信息量大，传统的纸质档案很容易丢失损坏。通过创新管理模式，开展电子信息管理，安全便捷。实现网络共享。打破了传统纸质档案管理带来的限制实现合理配置资源，有效减少了抽调档案的实践，提高了工作效率，减少工作人员的工作压力，减轻开支。能够满足多人同时查阅的需求，拓宽了档案管理的服务范围，更好地满足社会的要求。

（二）简化运作流程

在数字信息技术应用的支撑下，实现信息化，能够大幅度降低重复性工作，简化了工作运转流程，从而进一步降低工作成本。有效地节约了人工操作的资源消耗，同时减少了时间成本浪费，以此提升了管理工作的效率。

二、档案管理工作更加规范和安全

（一）档案信息的安全保障

保护档案信息的安全与合理有效利用信息资源，是档案管理工作的两项最基本的任务。档案信息保管是否安全，直接关系到国家档案文献遗产和历史文化的长久传承，关系到国家核心信息资源的有效控制。只有在充分保障档案本体和档案信息绝对安全的前提下，档案信息化建设的其他各项工作才能顺利开展。因此，档案管理部门在加强档案信息化建设的同时加强档案信息安全保障体系建设，防止档案信息的失密泄密，从而给国家安全带来风险和给人民的生命财产留下威胁。

1. 加强管理

加强对计算机等硬件设备和软件系统和数据库管理。采取双机备份等有效技术和措施，重要数据的备份应纳入国家信息安全防范与应急中心统一的备份系统，确保数据安全；做好档案信息的保密等级划分，涉密档案一律禁止录入互联网，机密级以下的档案信息可在国家内网传输或运行，对外公开的档案信息应通过官方档案网站官网为社会提供服务。

2. 增强保密意识

增强保密意识，构建档案信息的安全保障体系。档案管理部门应树立正确科学的档案信息安全管理观念，坚持“积极防御，综合防治”的方针，以《中华人民共和国档案法》《中华人民共和国保守国家秘密法》等法律法规为依据，实事求是，结合自身档案信息化建设的实际需求，逐步形成计算机网络管理档案信息的安全保障体系。档案管理人员必须严格具备保密意识，全面贯彻并认真落实档案信息安全。对档案信息做鉴定时，要仔细甄别，并确定档案的加密等级程度和开放范围，严格审查，严密管理。同时，在现代信息社会中，每个人都应该树立高度的档案信息安全意识，及时有效地防止人为的干扰破坏，注意防毒杀毒，面对众多杀毒软件时，要仔细甄别垃圾软件，以确保档案信息的绝对安全。

（二）互联网的安全运用

1. 严格规范

规范信息化安全制度档案信息化建设项目需要与信息网络安全共同建设、一起规划、统一运维。对网络信息安全的保障，就是要把档案信息化的“防火墙”夯实。政府相关部门要制定完善风险评估、信息安全等级保护等网络安全制度并严格落到实处，明确数据信息采集、存储、传输、开放、使用等环节的具体要求、责任主体和网络安全保障范围的边界。完善监察制度，做到责任有人负、措施可落实、技术充分运用，确保网络信息的安全。健全重要的信息系统和网站的安全保障制度，规范网络的安全管理制度，加强访问控制、信息加密、入侵防范、漏洞管理、病毒防范等防护安全措施提升网络安全的防护、监测能力。

2. 统一标准

对档案管理工作而言，标准、规范和安全非常重要。因为档案管理工作特别的细致和烦琐，工作范围涉及的知识面特别广泛，对社会工作的影响十分深远，档案整理和加工的难度较大。因此，需要对档案管理工作的各个方面进行严格要求和规范并采用统一标准，档案管理的信息化发展离不开统一标准和严格规范，同样这也是档案管理信息化发展的必然要求。

（三）互联网风险的防范

1. 防范风险的必要性

对互联网风险的防范是一个涉及面很广的复杂问题，虽然不能只依靠现代信息技术的应用就可以解决，但国内外的实践证明，互联网信息技术深入、广泛的应用是档案管理机构风险管理以及严格信息监管强有力的途径与方法。金融信息化不仅拓宽了档案管理行业的领域，而且也带来了更大的网络信息泄露风险，例如网络化的信息查询个人账号安全是否有保障、信息系统故障带来的业务办理无法正常运行、网络漏洞可能导致的经济损失等，都需要考虑在档案信息化的风险防范范围内。

2. 重视网络安全管理

从某种程度上进行分析，档案管理工作是一个社会性的问题，一旦其出现安全问题，将会造成严重的社会损失。因此，安全性必须得到足够的重视。在信息化发展下，安全管理必须现代互联网技术，落实档案信息安全性，防止信息遭到泄漏或破坏。对此，必须对计算机的安全防护系统进行升级以及强化，避免外部力量对信息系统的侵入。

3. 重视档案工作的连续性管理

切实采取措施防范技术风险，加大对信息技术风险的监管力度。信息监管部门也将加大对信息技术风险的监管力度，降低运营与建设的成本，提高金融信息安全保障工作的效率和质量。

随着新技术时代的不断发展进步，档案信息化同样面临创新转变，在档案管理工作与现代信息技术逐步融合的过程中，需要业务和技术的深度结合，才会推进档案信息化建设的全面发展。

档案资源信息化的发展同时也对档案管理部门的改革与创新、对档案管理部门和行业的服务质量和安全防范提出了更高的要求。信息化是现代档案管理体系运行的一大基石，是档案资源信息化稳定发展的基础，对档案管理的现代化建设具有非常深远的意义。

三、档案信息资源得到充分地开发利用

（一）档案信息资源的全面分析

在档案信息化建设的进程中，对档案信息资源全面的分析和运用至关重要，发现出信息资源所蕴含的各类因素，从而为档案信息化发展提供相对准确真实的数据。在对档案信息资源进行分析和应用时，要充分发挥信息化部门的作用，并积极邀请各部门的专业人才参加，通过对从不同渠道获取的数据进行整合和分析，从信息化平台上密切掌握相关数据，挖掘出所有潜在潜力，为后期制度的制定提供科学的数据依据。将各部门和各经济要素之间的脉络打通，实现各区域档案信息化建设的相互关联。这个目标的实现既要依靠各地政府的支持，又要充分发挥信息化部门的作用，通过政策性支持、财政支持等扶持方式，加强对档案信息化建设的支持，推动档案信息化建设进程。

（二）档案信息资源的整合与共享

资源是社会发展的支柱，充分发掘合理利用现有的档案信息资源可以达到事半功倍的效果，随着网络技术向宽带，高速，多媒体方向的发展，它跨越了时间和空间的距离，把获取信息的途径由纸质材料拓展到因特网所能覆盖的任何场所，信息资源的开发利用对于建立档案信息化平台至关重要，是档案信息化建设工作成功的关键。

档案信息资源建设的核心任务是档案信息资源建设。为此，需要依据现有的各种类型档案资源、信息化技术与方法以及实际管理需求，制定出具有可操作性的档案共享标准体系。通过标准化的系统，可以减少操作差异，方便地利用先进的信息化技术实现档案管理的信息化，并增强其统一性。

需要在信息化背景下，以档案信息资源为核心，有序地推进档案业务。为此，需要加强档案信息资源的建设，稳步开展数字化等基础性业务，同时做好资源开发与整合工作。然而，经过网络调查问卷发现，档案信息化管理过程中仍存在许多问题，如资源未充分利用、档案数字化进程缓慢以及档案信息化资源共享不足等。因此需要在今后的工作中进行逐步完善，具体建议如下。

1. 整合优质的档案资源

对于各档案馆现有的革命历史档案、民国档案、社教档案和实物档案等档案资料，其特点是数量庞大、种类繁多、涉及面广泛。这些档案集中了与当地发展相关的各种资源。为此，可以在有效分类的基础上，为不同种类的档案制定高效的规范标准，从而实现档案分类管理、信息化采集和精准查找的标准化。通过标准化，可以实现各类档案资源的全品类、全过程管理。

2. 加快档案数字化建设的脚步

各地的档案信息化管理应以高效运用和合理追求效益为核心目标，实际可行，并具有前瞻性视野。需要同步推进档案的数字化建设，并构建相应的目录。同时，形成档案信息机构的主体性责任应得到强化，特别是针对增量档案，应依据“产生者承担责任”的原则，加快信息数字化建设进程。采用网上传输与光盘刻录报送两种方式，可以有效地检索档案全文，并充分提高档案的查全率和准确率。

3. 档案信息社会共享功能

为了提高档案管理系统的统一性和顺畅性，各地需要遵循国家最新颁布的规范标准，在技术方面打破壁垒和门槛。通过互联网，可以优化信息产生、归档和整合的流程，使电子档案的入口更加通畅。同时，系统与互联网应用系统的有机融合与关联也是提高档案管理效率的重要方法。

各档案管理机构应在档案信息化管理中充分发挥民生档案与业务管理机构的作用，将条块结合，高度重视实效，推动资源共享，实现档案信息化管理目标。同时，加强档案信息资源建设，推动档案资源数字化进程，实现社会共享

（三）信息化技术的引进

信息化技术的引进为档案信息化建设提供了很好的技术支持，搭建档案资源信息化服务平台，形成以数字化、网络化和智能化为代表的现代信息技术学习环境，在现代社会中信息化发展，工作的开展更加协调、快速、统一便捷。同时信息化已经成为一种必然的趋势，用信息技术来将会更加普遍，深入和广泛。

（四）借助大数据信息资源优势

随着信息技术在社会生活方方面面的深入落实，信息化时代已经到来。档案管理的信息化已经成为一种必然的发展趋势。在未来的社会发展趋势下，数字化智能化将会成为各行各业重要的经营管理及生产模式，企业管理者应尽早做出思维转变，不仅能够增强经营管理能力，而且能为推动社会经济发展做出应有的贡献。

第三节　档案信息化管理的创新探索

一、立足长远不断创新

（一）创新的重要性

1．顺应信息化发展趋势

在高速发展的信息化时代长河里，在档案管理的日常工作中，要把现代化、规范化、信息化和标准化作为档案信息化建设的主要目标，要改变过去传统、闭塞、呆板、生硬的档案管理观念，要树立起现代化档案信息化管理的新观念、新思路、新方法，更好地帮助档案管理的各个机构更加迅速、更加契合地转变档案管理观念和适应管理工作的信息化趋势。

2．满足信息化发展的需求

要想冲破传统模式束缚，首当其冲要提升档案管理的效率和质量，用现代化的档案管理观念主动去适应大数据时代带给档案工作的便利，更好地满足档案信息化管理的发展需求。要想逐步改变原有的档案管理观念，档案管理模式得到创新性发展，促使档案管理工作实现新飞跃，就有必要制定统一标准化的档案管理制度。各个机构的档案管理工作不能千篇一律，应该以自身实际情况为主，积极探索符合自身档案管理实际需要的特色新模式。

（二）改变过去的工作方法

1. 正确的思维方法

①思想方面，必须具备战略思维和系统思维。必须打破原有的流程和制度的限制。当前信息化发展阶段，需要根据目标来重新定义系统，明确系统内的要素以及各种应用之间的关系，建立模型，确定算法，并开发软件。这有助于改变现有的制度和流程。

为了实现这一目标，必须勇于探索和创新。要下定决心去开展事业，抓住典型，并寻求在未来站在新的发展阶段的制高点。

②思想观念要与时俱进。随着社会信息化的不断发展，我们对信息化建设的认识也在不断深入。为了跟上时代的发展步伐，档案管理部门的领导必须正确认识档案信息化建设所带来的社会效益和经济效益。为此，他们需要不断加强自身的综合素养，并转变过去陈旧的管理理念。

与此同时多给档案管理人员一些学习的机会，让更多的人认识到档案信息化的重要性，确保在实施和应用档案信息化系统时能够做到领导对管理信息系统的应用和档案信息化建设和有足够的理解指导能力；业务部门的领导能够制订规划并组织实施；档案工作人员能够配合。

2. 正确的工作方法

档案信息化建设涉及的内容范围非常广泛，而且这些内容会随着社会时代的不断进步发展而得到不断地丰富，在不同的时代被赋予不同的时代内涵，档案信息化建设面临的任务十分艰巨，同样，所面临的困难和阻碍也很多，因此要在档案信息化建设的过程中，对所遇到的困难和面临的严峻挑战有重点地突破，把信息资源的建设当作核心工作来抓，实现以点带面的大好局面。

（三）以史明鉴不断进步

1. 明确新的战略方向

要总结、推广经验。不管宏观还是微观，我们都需要转变认识，要明确新的战略方向。战略方向确定以后要选择路径。转变认识至关重要。第一，认识是这样的发展过程是必然的，是全社会的，是不可逆的；第二，认识是所有的创新、转变、变革，在原来的基础上发展。

2. 转换管理视角

为了顺应时代的发展变革，融入社会环境，档案管理职能部门摒弃传统思维转换管理视角，须明确档案管理工作的思维，提升内部管理模式的职能转变。新时代信息化模式的转型是管理职能的升级，是时代发展变革的需要。

二、档案管理人才的培养

（一）加强网络技术知识的学习

在信息化的背景下，档案管理领导必须让工作人员加强网络技术知识的学习，来提高自身对档案的管理水准。

1. 熟悉整个工作过程

档案信息化是一个系统的复杂工程，运行过程包括系统的规划、详细的设计、可行性的论证、编码、实施、应用和持续性的后期维护等阶段，每个阶段都涉及许多方面的技术知识的渗透、融合与综合利用。同时整个信息化的建设过程也是在不断完善和逐步发展的道路上进行的。所有参与人员无论是管理人员、系统设计、操作人员、系统应用开发和实施人员都必须了解和清楚各个环节的紧密联系和各个业务功能模块的发展脉络，重点掌握自己业务范围内和所操作的系统功能模块的基础知识，整个系统才能顺利运行并不断得到应用和完善。

2. 认真完成工作内容

这项工作主要包括两方面的内容：①必须按照要求完成档案归档和整理工作，并在第一时间补充完善好损坏、缺失等问题资料。②档案管理人员在进行档案资料的处理时，要积极用互联网等信息技术优势，构建网络管理平台，推进档案资料的数字化，帮助档案资料可以更好地保存。

（二）加强档案管理业务的学习

1. 明确工作的核心任务

信息系统的应用是实现档案信息化的基本方法，一切活动的开展必须服从档案业务的全过程和未来信息发展的需要，首先一定要明确档案工作的中心任务。

在信息已成为重要的社会资源的时代背景下，档案信息作为一种原生信息，正发挥着越来越重要的作用，档案工作的中心任务就是要把国家的档案资源建设好。这项工作主要包括 3 方面的内容：①要加快现有档案馆藏全文数据库和文件级目录数据库的建设，以满足人们对档案信息资源快速检索查阅的需要。②要加快现有档案目录的整理、著录和建库工作。③逐步分阶段实现档案目录检察。

2. 明确工作的核心要求

信息系统的应用要求档案工作者必须是懂技术懂业务的复合型的人才。如果说信息专业技术人员将软件系统设计完成后，仍然对档案业务及其知识一无所知，对档案管理流程含糊不清，那么他所设计的系统一定无法使用。因此档案技术人员在开展信息系统的基础工作时，必须加强对档案管理业务的学习，在了解、熟悉、分析和发展档案业务和档案学基础知识的基础上，综合运用信息技术计算机技术、档案学、网络技术等知识，加强对档案管理的理论、方法、策略、原则等内容的进一步研究与探讨。

（三）加强合理规划培训力度

信息技术在档案管理中的广泛应用，需要档案管理的工作人员提高科技素质水平。组织培训的单位应该经常及时和参加人员进行沟通，培训的时间、形式、内容等要充分考虑档案管理工作的实际情况与实际需要，以最终效果为培训目的及衡量指标，注重档案信息化发展的中心地位。对档案管理基层工作人员进行培训教育需要注意以下 3 点。

1. 培训内容要丰富合理

档案管理工作不同的岗位需要不同的知识，不同岗位的工作人员需要掌握不同的技能，因此，培训时要差别对待，有针对性地进行培训。

2. 培训形式要灵活多样

丰富培训形式，提升培训效果。按照档案信息化管理人才岗位特点及专业知识掌握程度，分别采用集中培训、小组交流、经验分享等培训方式，满足不同专业技术人员的培训需求[①]。

①集中培训能够在全员参与的基础上，对档案信息化管理的共性专业知识进行讲解。考虑到集中培训往往存在着针对性不强的问题，也可以采用小组讨论、经验分享会等途径，小范围地对个别环节进行专门培训，提升参培人员兴趣，保障培训效果。

②为了加强档案信息化管理的培训学习效果，各地档案信息化管理可以在档案系统内构建沟通的载体，定期进行组织与协调，通过相关载体有效地收集档案信息化管理存在的问题与丰富的经验，有的放矢地培训相关业务，有效地解决相应的问题，可普及与推广优秀做法各地档案信息化管理部门可选择员工前往先进地区进行沟通，优化管理思想且丰富实践经验。

③可以用以赛促评的方式，提升该区档案信息化管理人员工作的积极性、主动性与创造性。

④邀请档案信息化做得比较好的市、县档案馆同业人员，定期或不定期、线上与线下相结合的方式，开展有关档案信息化专业人才的培训与交流，不断提升专业人才的能力、扩大专业人才队伍规模。

⑤鼓励档案信息化管理人才以自考、在职研究生、专业资格考试等方式，多措并举提升从业人员的专业水平，以更强的档案服务能力赢得社会的认可。

3. 培训方法要选择得当

培训的方法要选择得当，由于档案管理人员整体文化素质有待提高，培训时要选择基层工作人员容易接受的方法，培训组织单位要尽力创造条件，使专家与技术人员贴合实际对档案管理人员进行实际指导，不能空谈理论，还可通过资料发放、电话沟通与授课的方式传递信息。由于各级档案管理部门的不同档案管理工作人员对档案管理知识的接受能力不同，因此可以将培训班区分为提高型、普及型。提高型培训班主要教授新型档案管理技能与最前沿的管理知识；普及型培训班主要讲授档案管理工作的政策法规、科学技术及高精度办公设备的使用等。

---

①梁江华．浅谈信息化背景下勘察设计单位如何做好档案的管理工作［J］. 价值工程，2013，32（13）：154-155.

（四）加快转变信息化服务理念

针对各地普遍存在的档案查询资源利用率不高、部分资源长期闲置难以利用的问题，需要从档案信息化管理机构、人员抓起，牢固树立“闲置即浪费”“服务是永恒不变的”“专业人员提供专业一流的服务”等档案信息化管理新理念，从多个方面着手解决各地档案信息化管理的资源利用率问题。

1. 着重建立档案信息化管理新理念

创新、服务理念是引导档案信息化管理服务弥补不足、迈向一流的重要保障。各地的档案信息化管理工作人员应该改变传统管理理念。

①应从档案信息化管理内容、流程、方式、效率等方面，针对档案员工需加大培训力度，进行正确的引导，使其认识到信息化技术是提升本区档案管理效率的有效途径。

②耐心地指导，使档案信息化管理员工掌握并采取信息化技术与方法，能够便捷地管理档案，减少工作量与降低出错率，使员工提高对档案信息化管理的认知度。同时，将信息化管理的新技术、新方法应用到各地档案信息化管理过程中，不断提升使用者的服务效率。此外，根据服务客户的需求及各地档案馆在信息化管理过程中遇到的问题，采用产学研合作方式，借助高校、科研院所的力量进行创新，以创新成果解决档案信息化管理过程中遇到的实际问题。

2. 着重强化档案管理人员工作能力

通过现场学习，档案信息化管理应不断丰富管理人员的业务知识，更新和完善档案整理技能，加快档案资料收集、整理、保管、利用工作进程，规范档案整理。利用档案行政执法检查、档案年检等方式，切实提升档案信息化管理工作人员的工作能力。

（五）加强院校的教育作用

1. 院校教育的重要性

各大院校是人才培养的重要的场所，充分利用各大院校的教育优势，提升档案管理工作人员的科学理论知识与科学技能，这是人才战略的一个重要方面。近年来，随着大力推进信息化的发展和改革，信息化建设的教育体制发生了很大的变化，其中很重要的一个改革方面就是加大了对档案信息资源的开放力度，鼓励全方位、多层次的开放。

2. 院校教育的参与方式

在培训教育方面，各大院校主要有以下 4 种参与的形式：①档案管理工作人员本人自己出费用，获得学校的培训；②代替其他单位进行培养，教育完成后，工作人员回到原单位；③定期举办培训班，从事档案管理的工作人员可以报名参加，培训使用先进的技术；④进行课程的函授。

3. 院校教育的作用

各大院校通过上面 4 种培训方式，充分发挥其教学水平较高的优势，培养了很多优秀的档案管理信息化科技人才。高等教育在改革中针对档案管理工作人员的理论知识和实际技能方面虽然有很大的进步，但还远远不能满足档案管理工作的需求与档案信息化建设的发展。要深入发挥各大院校的作用，坚持鼓励合作办学，根据实际要求，加强教育的针对性，调整教学的内容，为档案信息化建设更多地培养实用型科技人才。

（六）加强工作人员的思想觉悟

1. 充分认识形势的复杂性和艰巨性

档案信息化建设是一项涉及面较广、历时较长、内容略复杂的系统化工程，而档案管理信息系统的应用与实施，是把档案业务作为核心，把信息技术、计算机技术、网络技术作为方法，把现代化管理作为指导，把实际利用价值和提高档案的利用率作为宗旨而开展的一项划时代、划意义的业务革命，其最终目标是改变经济增长模式、适应信息社会发展的需要、推动社会进步、挖掘档案的社会价值、提高档案的信息化管理水平、提高全民族的文化素养。参与档案管理的所有工作人员，尤其是信息化建设的主要责任人要思想上深刻认识到信息化建设的复杂性和艰巨性，为迎接挑战时刻准备着。

2. 充分认识新型工作的划时代意义

档案信息化建设的最终目的就是提高档案的现代化管理水平，深入挖掘档案资源的价值，推动社会进步、提高全民族的素养、改变经济增长的模式、满足信息社会发展的需要。充分认识到档案信息化带来巨大的社会效益的同时，经济效益也非常可观。同时还给各级领导和基层的档案管理工作人员带来工作上的极大方便，灵活性也得到了大幅度的提升，每个从事档案工作的人员都真正成为档案信息化建设的受益者，从而达到统一认知、统一思想的目的，确保档案信息化工作能够顺利开展。

3. 充分认识抓住机遇的重要性

抓住机遇并勇于探索档案信息化建设工作的顺利开展只有在基本前提条件满足的情况下才能顺利进行，因此把握好时机，抓住合适的机会开展文件级目录数据库信息化建设和网络化应用是非常必要的。特别是对于那些正疑惑不明白要采用什么样的方案、选择什么样的软件系统入门文件级目录数据库的初级用户就非常重要。

网络化应用是需求驱动的，并且是在档案业务管理比较规范人员素质较高、设备资源基本具备、标准规范严格、基础数据准备充分及网络业务流程清晰的情况下才能顺利开展。因此，无论是正在开展信息化建设还是正准备开展信息化建设的档案管理部门，都应抓住时机积极开展档案信息化建设，才能取得良好的效果[①]。

三、档案信息化组织体系的建设

（一）健全组织机构和管理制度

1. 创新管理体系的必要性

档案信息化的发展，离不开完善的组织结构和高效的管理体系的支持和推动，这是提高档案信息化水平的基本内容。创新档案信息化建设的制度与管理模式，要实现档案信息化建设，不仅需要高水平的复合型档案管理人才，而且要有一个完善的管理体系。

虽然到目前为止，我国各个档案管理机构根据自身实际情况逐步建立了相应的档案信息化管理制度，但还不是很完善，在档案信息化建设的进程中，我们可以从以下两方面着手：①档案管理制度的创新；②在档案管理制度方面进行深化改革。

① 肖红薇 . 论知识经济时代档案信息人才需求 [J]. 安徽冶金科技职业学院学报，2006(3)：119-121.

2. 组织机构的基本保障

组织和人员保证，既是构建服务型、智慧型档案管理机构的保障，又是档案信息化管理的重要组成部分。因此，各地档案馆重视与加强组织机构设立、人才队伍建设，不断提升全馆人员信息化档案管理服务的专业素养与能力。通过机构建设与人才培养，对内能够形成档案馆信息化管理的中坚机构与力量，对外能够树立良好形象、提升智慧档案管理与服务的口碑。

3. 如何完善组织结构

在组织机构的完善方面，档案管理部门领导应该把信息化管理部门设置成一个单独的行政部门，融入整个组织机构过程中，充分发挥信息化管理部门对促进档案信息化建设发展的积极促进作用。同时，把信息化管理部门组织机构的职能和发展需要作为工作核心，并为之展开工作，制定相关的管理制度，为提升整个档案信息化建设事业奠定坚实的基础。

（二）建立以服务和智慧为导向的管理机构

“十四五”规划中要求的“依法治理、开放与现代化”的原则对档案信息化建设工作具有十分重要的意义，各地全方位地构建健全治理档案体系，加强相关体系的建设，做好管理工作、全面促进档案服务体系的运用和文化的建设，加强基础档案业务的建设，增强档案的安全性。通过设立专门的档案信息化管理机构，对该区档案信息化管理工作进行科学规划、统筹推进，大幅提升了档案治理效能、档案利用服务水平、档案管理现代化程度，基本建成与当地经济发展水平适应、管理方式科学先进的档案事业体系。

（三）建立专门的信息化部门

1. 有效解决问题

档案信息化的建设与发展，需要建立比较健全和专业的档案信息化专职工作机构，理顺档案信息化的整个管理组织体系，使档案信息化专门工作的机构人员、职能、经费和编制等问题得到很好的落实解决。加强职责、职能和档案信息化机构的作用，让领导负起责任，让措施有效执行。

2. 成立专门领导小组

档案管理专职机构要严格实行统一规划、统一领导、统一管理、统一标准，成立专门的档案信息化建设领导小组，该小组要涵盖各级单位，内部各岗位人员要有明确的分工，积极协调开展工作。政府部门统一调配，各部门要加强协作配合，在实践中不断完善信息化工作的推进机制，深化各相关档案管理部门的了解，共同努力推进档案信息化建设的工作进程。

（四）制定合理高效的管理体系

1. 档案信息的管理

无法否认的是，现代新兴科学信息技术的广泛应用为档案管理工作带来了极大的便利。然而，网络是一把双刃剑，在带来一系列积极作用的同时也造成诸多的安全隐患。因此，档案管理部门必须深入了解和调查总结档案信息化转型可能给我们社会带来的各类问题和潜在威胁，提高档案管理的安全意识。特别是在处理一些保密等级较高的档案资料时，必须严格遵循档案管理制度谨慎操作，坚决执行规定的保密条例。尤其是对于绝密档案资料，更加需要档案管理工作人员具备良好职业素养和遵守保密守则的定力，杜绝泄密情况发生。

总而言之，信息化大数据时代档案管理工作的核心任务之一就是构建现代化档案管理安全保障体制机制。传统意义上的安全保障只是防止纸质资料的损坏，但是在当前大数据迅猛发展的时代背景下，信息安全是电子档案所面临的最大问题，建立起与之相匹配的安全保障体制机制至关重要。

2. 档案信息化建设的必由之路

档案信息化管理需统一技术规范、数据格式、程序、工作的流程，各个环节能够切合实际的档案信息化管理需求，成系统、分步骤服务于档案信息化资源。所以，各地档案管理部门需持续提升档案信息化能力并优化相关标准，需要重视和加强各档案管理各部门之间团结协作。

基于国家对档案信息化管理标准要求、当前各地档案信息化管理现状以及其他档案管理机构成功的经验，着力构建与完善与地区实际管理标准相符合的体系，参考与落实既有的规范标准、制定具有特色的规范，加大监督力度，发挥正确的导向性作用。实施与健全标准的档案信息化管理体系，快速共享信息数据资源，为地区各种类型的用户群体提供高效高质的相关服务。

3. 实现社会共享的必要条件

①各地档案管理机构需增强认知，明确具体要求内容，组织人员进行深入学习。依据档案局颁布的各项规范标准有序地开展档案数字化或归档电子档案以及建设数据库等业务，使电子档案数据具备统一的格式，增强规范性与可读性，为共享提供便利条件，增强档案信息化管理的规范化与现代化水平。

②各地档案管理机构需按照信息化管理规范与行业细则，制定出全地区统一的档案信息化标准。特别是需优化管理档案流程，细化信息化步骤，使档案管理实现标准化，保障各机构形成的电子档案具备真实完整性、安全性等特点，能够利用且拥有一定的运用价值，于是在开发与运用档案信息方面迈向标准化与科学化的正轨。

③各地档案管理机构需借鉴先进化管理成功经验。应结合本地档案信息化管理实际以及借鉴先进市、县档案信息化管理成功经验，在国家档案局制定发布的各项标准的基础上，制定符合当地档案馆自身管理的标准规范。

④各地档案管理机构尤其要加强档案信息化全生命周期管理，增强档案信息生成、整理、归档等环节的标准化、规范化。此外，当地档案部门应加强对各单位在进行档案信息化管理时的监督力度，并耐心指导，提出行之有效的方案。严格按照相关标准规范，明确各机关、企事业单位电子档案处理程序和相关部门及员工岗位标准与承担的职责，各项工作须通过专人承担责任，针对各机构的档案信息化需加强领导与责任的贯彻。

（五）严格按照标准执行制度

1. 严格执行制度的必要性

“从政有经，令行为上”。制度的生命力在于执行，在日常档案信息化管理中发现的违反规定或违法违纪问题要严肃查处，坚决杜绝做选择、搞变通、打折扣的现象，防止档案信息化管理的“硬约束”变成“橡皮筋”“长效机制”变成“无效机制”。

2. 严格执行制度的方法

只有强化制度意识、严格执行制度、坚决维护制度，加强对制度执行的监督，才能切实推动档案信息化管理工作落到实处，把档案信息化建设引向新阶段。如在一系列的档案信息化管理制度制定并实施后，一定要严格规范地去抓落实和执行，不留漏洞，形成闭环管理，只有这样才能推动档案信息化管理制度行之有效。

同时也可以将档案信息化管理工作做得好坏，纳入相关单位和个人的年度评优评先考核，做到公平公正、公开、透明，长期坚持，进而提升单位和干部抓好档案信息化管理工作的积极性和责任感。

（六）加强档案工作的检查考核

1. 加强督查的必要性

信息化方法，创新“线上＋线下”同步巡察方式，通过数字档案协同管理系统的线上执法功能科学运用到档案工作巡视巡察中，及时掌握被巡视巡察单位档案工作运行情况，使巡视巡察工作更全面、更细致，问题更加精准，有利于推动解决基层部门档案工作领导“无力”、档案资料收集不齐全、档案服务群众工作效率不高等问题，进而推动档案巡视巡察监督高效开展①。

2. 如何有效开展督查工作

强化档案工作的督查检查考核，形成档案信息化管理工作的强而有力抓手。一方面，发挥好考核指挥棒效应，将档案工作纳入部门的年度综合考核，同时加大对档案信息化管理工作的内容分值，年底给各单位打分、排名、分档，推动形成“你追我赶、比学赶超”的良好氛围。另一方面，发挥好督查利剑作用，将档案工作纳入年度督查考核计划，允许对档案工作进行实地督查，加强对各部门档案信息化管理工作开展情况的检查，并将督查结果以文件发布通报，形成强大震慑，督促落实整改，进一步推动各部门落实档案信息化管理工作。

---

①李天凤．数字信息化背景下医院档案管理的创新措施[J]．中国卫生产业，2019，16(2)：23-25.

参考文献

[1] 冯惠玲．档案学概论[M]．北京：中国人民大学出版社，2006．

[2] 陈传义．档案信息网站构建基础与实例[M]．武汉：武汉大学出版社，2010．

[3] 吴良勤．信息工作与档案管理[M]．武汉：华中科技大学出版社，2011．

[4] 施晔红．企业文书与档案管理实务[M]．武汉：武汉大学出版社，2011．

[5] 徐华，张敏，王顺．档案信息化建设实验教程[M]．北京：北京师范大学出版社，2012．

[6] 宫晓东．企业档案管理体系的建设与运行[M]．北京：中国工商出版社，2016．

[7] 方树良．文书工作与档案管理[M]．北京：中央广播电视大学出版社，2013．

[8] 王新才，江善东．基于业务规则的档案信息资源管理[M]．武汉：武汉大学出版社，2013．

[9] 马仁杰，张浩，马伏秋．社会转型期档案信息化与档案信息伦理建设研究[M]．上海：上海世界图书出版公司，2014．

[10] 尼古拉斯·盖恩，戴维·比尔．新媒介：关键概念[M]．刘君，周竞男，译．上海：复旦大学出版社，2015．

[11] 徐敏等．环保档案信息资源共享理论及实践[M]．北京：中国环境出版社，2015．

[12] 黄夏基．政府信息公开环境下广西档案开放利用研究[M]．武汉：武汉大学出版社，2015．

[13] 赵屹，汪艳．新媒体环境下的档案信息服务[M]．上海：上海世界图书出版公司，2015．

[14] 党跃武等．基于信息组织技术的档案资源开发[M]．成都：四川大学出版社，2016．

[15] 张鹤，石晓秀，闫景晖．档案管理与信息统计[M]．沈阳：辽海出版社，2019．

[16] 莫求，杨佐志．档案管理工作的实践：探索与研究[M]．长春：东北师范大学出版社，2018．

[17] 李东红．新时代背景下的档案管理与创新[M]．北京：经济日报出版社，2017．

[18] 张端，刘璐璐，杨阳．新编档案管理实务[M]. 成都：电子科技大学出版社，2017.
[19] 党玉梅．高校图书信息服务创新与档案信息管理[M]. 沈阳：辽海出版社，2018.
[20] 刘亚静．档案管理信息化与自动化探索[M]. 天津：天津科学技术出版社，2018.
[21] 杨学锋．现代化档案管理与服务研究[M]. 北京：中国商务出版社，2018.
[22] 高海涛，李艳，宋夏南．档案管理与资源开发利用[M]. 北京：北京日报出版社，2018.
[23] 赵娜等．信息化时代的档案管理精要[M]. 天津：天津科学技术出版社，2018.
[24] 潘潇璇．档案管理理论研究[M]. 延吉：延边大学出版社，2018.
[25] 王运彬．基于价值全面实现的档案信息资源配置[M]. 北京：社会科学文献出版社，2018.
[26] 周林兴．面向社会的档案信息资源规划研究[M]. 北京：人民出版社，2019.
[27] 郭爱艳，刘静，李洪敏．计算机信息技术与档案管理学[M]. 沈阳：辽海出版社，2019.
[28] 李雪婷．人事档案信息化建设与创新管理研究[M]. 长春：吉林文史出版社，2020.
[29] 张玉霄．数字档案信息资源安全管理研究[M]. 长春：吉林大学出版社，2020.
[30] 张杰．信息时代下档案管理工作创新研究[M]. 长春：吉林大学出版社，2020.
[31] 麻新纯，徐辛酉，归吉官．档案信息生态性保护理论与实现研究[M]. 北京：北京理工大学出版社有限责任公司，2021.
[32] 王玉玲．新时期档案管理与开发利用研究[M]. 长春：吉林出版集团股份有限公司，2022.
[33] 马爱芝，李容，施林林．信息时代档案管理工作理论及发展探究[M]. 长春：吉林大学出版社，2021.
[34] 郝飞，袁帅，李伟媛．现代档案管理与实践应用研究[M]. 长春：吉林人民出版社，2021.
[35] 王晓琴，芦静，任丽丽．档案管理基础理论与实践研究[M]. 长春：吉林科学技术出版社，2022.

[36] 张丽．图书信息存储与档案管理信息化[M]. 长春：吉林出版集团股份有限公司，2022.

[37] 张关雄．外国档案定义述评[J]. 档案，1994（03）：30-31.

[38] 黄霄羽．詹金逊与谢伦伯格鉴定观的比较及其对当前鉴定理论的影响[J]. 档案学通讯，2004（5）：23-27.

[39] 肖红薇．论知识经济时代档案信息人才需求[J]. 安徽冶金科技职业学院学报，2006（3）：119-121.

[40] 郑锦霞．百年档案定义略论——兼论我国文件与档案关系问题[J]. 档案管理，2007（1）：32-34.

[41] 黄嘉忆．论企业档案信息化建设的机遇与挑战[J]. 现代商贸工业，2009，21（15）：260-261.

[42] 黄幸珠．对档案内涵及其角色定位的思考[J]. 云南档案，2011（10）：46-48.

[43] 姜风敏，傅露霞．档案鉴定销毁工作存在的问题与对策[J]. 机电兵船档案，2011（1）：42-44.

[44] 祝洁．论档案网站的内容结构设计[J]. 科技资讯，2011(8)：8.

[45] 吴雁平．我国信息立法趋势与档案法律法规建设研究[J]. 档案管理，2012（03）：30-32.

[46] 陈鸿梅．基层党建档案管理工作如何向信息化深处推进[J]. 办公室业务，2012（15）：131；133.

[47] 刘诚．试论档案信息化建设的形势与任务[J]. 中华民居（下旬刊），2013(5)：218-219.

[48] 陈小洪．谈谈档案信息资源网络化共享[J]. 兰台世界，2013(S1)：111-112.

[49] 梁江华．浅谈信息化背景下勘察设计单位如何做好档案的管理工作[J]. 价值工程，2013，32（13）：154-155.

[50] 宫庆新．中外档案定义研究述论[J]. 山东理工大学学报（社会科学版），2013，29（4）：97-102.

[51] 孙莉莉．电子信息化在现代档案管理中的应用研究[J]. 黑龙江史志，2014(7)：155.

[52] 郑亚静．计生档案管理信息化建设中现状分析及对策[J]. 黑龙江史志，2014（7）：90.

[53] 甘扬建 .OA 系统在医院档案管理中的应用 [J]. 人力资源管理，2015（10）：218-219.

[54] 侯杰 . 数字档案存储介质及格式研究 [J]. 黑龙江科技信息，2016（22）：160.

[55] 吴佩霖 . 浅析如何提升档案管理人员的综合素质 [J]. 文学教育（下），2017(4)：183.

[56] 黄海铿 . 浅谈档案数字化管理的优势与弊端 [J]. 兰台内外，2017(3)：30-31.

[57] 李天凤 . 数字信息化背景下医院档案管理的创新措施 [J]. 中国卫生产业，2019，16(2)：23-25.

[58] 朱英，吴一敏，王彤 . 建设数字化档案馆的意义与对策 [J]. 机电兵船档案，2019(5)：74-76.

[59] 黄新荣 . 档案概念的反思 [J]. 档案管理，2020（5）：5-9.

[60] 刘静 . 数字化技术在档案管理工作中的运用研究 [J]. 办公室业务，2020（21）：117-118.

[61] 安芬 . 档案信息化建设与档案创新管理的思考 [J]. 陕西档案，2021（6）：40-41.

[62] 李洋 . 我国档案信息化建设探析 [J]. 长春师范大学学报，2021，40（12）：194-197.

[63] 方洁 . 档案信息化建设实施的理论思考分析 [J]. 办公自动化，2021，26（24）：48-49.

[64] 籍莉 ."互联网 +"背景下档案信息化建设原则与实施策略 [J]. 城建档案，2021，（11）：35-36.

[65] 赵蕾 . 新时代下推进档案信息化建设的路径探索 [J]. 北京城市学院学报，2021，（05）：49-53+59.

[66] 龚伟卫 . 加快适应新时代要求的档案信息化建设步伐 [J]. 城建档案，2021，（10）：9-12.

[67] 袭婕 . 探讨新形势下档案信息化建设的问题及对策 [J]. 山东档案，2021，（5）：62-63.

[68] 高慧 . 对我国档案信息化建设实施的理论思考 [J]. 兰台内外，2021，（28）：17-19.

[69] 牛雯．云计算视阈下档案信息化安全策略研究 [J]. 办公室业务，2021，(18)：129-130.

[70] 王延忠．档案信息化管理的优势与安全问题研究 [J]. 黑龙江档案，2021，(4)：36-37.

[71] 李茂达．档案信息化管理存在的问题及其对策 [J]. 文化产业，2021，(19)：77-78.

[72] 沈朋．社会记忆视角下档案馆参与自媒体信息存档的策略研究 [D]. 武汉：武汉大学，2018.